LAS LEGUMBRES Y LOS FRUTOS SECOS

Una alternativa
para comer sano

Véronique Liégeois

LAS LEGUMBRES Y LOS FRUTOS SECOS

UNA ALTERNATIVA PARA COMER SANO

A pesar de haber puesto el máximo cuidado en la redacción de esta obra, el autor o el editor no pueden en modo alguno responsabilizarse por las informaciones (fórmulas, recetas, técnicas, etc.) vertidas en el texto. Se aconseja, en el caso de problemas específicos —a menudo únicos— de cada lector en particular, que se consulte con una persona cualificada para obtener las informaciones más completas, más exactas y lo más actualizadas posible.
EDITORIAL DE VECCHI, S. A. U.

© Editorial De Vecchi, S. A. 2018
© [2018] Confidential Concepts International Ltd., Ireland
Subsidiary company of Confidential Concepts Inc, USA
ISBN: 978-1-64461-010-7

El Código Penal vigente dispone: «Será castigado con la pena de prisión de seis meses a dos años o de multa de seis a veinticuatro meses quien, con ánimo de lucro y en perjuicio de tercero, reproduzca, plagie, distribuya o comunique públicamente, en todo o en parte, una obra literaria, artística o científica, o su transformación, interpretación o ejecución artística fijada en cualquier tipo de soporte o comunicada a través de cualquier medio, sin la autorización de los titulares de los correspondientes derechos de propiedad intelectual o de sus cesionarios. La misma pena se impondrá a quien intencionadamente importe, exporte o almacene ejemplares de dichas obras o producciones o ejecuciones sin la referida autorización». (Artículo 270)

Índice

Introducción 11
¿Legumbres o leguminosas? 12

Primera parte
LAS LEGUMBRES

Interés nutricional 15
Energía: un aporte moderado 15
Glúcidos: los verdaderos glúcidos lentos 16
Proteínas: casi perfectas 18
Lípidos: prácticamente ausentes 19
Vitaminas: paso al grupo B 19
Minerales: una concentración excepcional 20
Fibras: variadas y eficaces 22
Sustancias antinutricionales: ¡no dramaticemos! 23
Las legumbres en la alimentación: hacia el equilibrio
    alimentario 24

Producción y tecnología 26
Un cultivo simple y natural 26
Presentaciones comerciales variadas. 27
Conservación: no la prolongue indefinidamente 28

Utilización 29
La cocción, etapa indispensable 29
¿Cómo digerir mejor las legumbres? 30

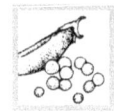

LAS LEGUMBRES Y LOS FRUTOS SECOS

Las legumbres y los distintos regímenes 33
Régimen hipocalórico: adelgazar comiendo legumbres . . 33
Régimen bajo en colesterol: vegetales que disminuyen
    el colesterol 35
Colitis y gastritis: reaprender a consumir legumbres 36
Diabetes: las legumbres, aliadas del equilibrio glucémico . 36
Estreñimiento: un lugar privilegiado para las
    leguminosas 37
Régimen sin sal 38
Régimen de la gota o hiperuricémico: una aproximación
    vegetariana 38
Deportistas: legumbres sí, pero no en cualquier momento. . 39
Niños y adolescentes: sólo para los mayores 40
Mujeres embarazadas y en periodo de lactancia:
    aprender a tolerarlas 41
Vegetarianos: las leguminosas, el verdadero pilar
    de una alimentación vegetariana 42
Cantidades y frecuencias aconsejadas 43

Las combinaciones nutricionales 45
Cereales y derivados: una complementariedad perfecta . . 45
Productos lácteos: llenar el depósito de calcio 46
Carnes: sacar mayor provecho del hierro de las legumbres . 47
Pescados y huevos: atreverse a ser originales 48
Verduras: un clásico culinario 48

Las diferentes legumbres 50
Garbanzos 50
Guisantes secos 53
Habas 55
Judías 57
Lentejas 60
Soja 63

Segunda parte
LA FRUTA SECA

¿A qué llamamos fruta seca? 67

ÍNDICE

INTERÉS NUTRICIONAL	68
Energía: alimentos concentrados.	68
Glúcidos: ¿lentos o rápidos?	69
Proteínas y lípidos: prácticamente inexistentes	70
Vitaminas: una concentración selectiva	70
Minerales: una densidad fuera de lo común	71
Fibras: suaves y eficaces	72
La fruta seca en la alimentación: un complemento que no debe despreciarse	73
TECNOLOGÍA: DEL SOL AL CALOR DE LOS HORNOS	76
Aditivos: compruebe las etiquetas	77
Conservación: limítela al máximo	78
Compra: el sabor como mejor referencia	78
UTILIZACIÓN: ¡VIVA LA SIMPLICIDAD!	80
Digestibilidad: cuidado con las fibras	81
LA FRUTA SECA Y LOS DISTINTOS REGÍMENES	82
Régimen hipocalórico: ¿por qué prohibirla?	82
Régimen de las enfermedades cardiovasculares: todo depende de su índice sanguíneo	83
Colitis y gastritis: compruebe su tolerancia	83
Diabetes: glúcidos que deben contabilizarse en la ración diaria	84
Régimen sin sal: consumir casi sin limitaciones	85
Estreñimiento: fibras y sorbitol para un efecto garantizado	85
Deportistas: minerales reequilibrantes	86
Niños y adolescentes: una golosina… ¡aconsejada por los dietistas!	87
Mujeres embarazadas y en periodo de lactancia: una forma sencilla de completar el aporte mineral	88
Personas mayores: el único consejo es comer más	88
Vegetarianos: un buen complemento de minerales	89
Cantidades y frecuencias aconsejadas	89

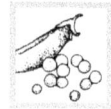
LAS LEGUMBRES Y LOS FRUTOS SECOS

Las combinaciones nutricionales 91
Cereales y sus derivados: un complemento mineral
   de los cereales blancos 91
Productos lácteos: la ventaja del calcio 92
Carne y pescados: puesto de honor 93
Frutas y verduras: llenar el depósito
   de vitaminas. 93

Las diferentes frutas secas 95
Albaricoques. 95
Ciruelas pasas 97
Dátiles 99
Higos 101
Pasas 103
Plátano 105

Tercera parte
LOS FRUTOS SECOS U OLEAGINOSOS

Los oleaginosos: vegetales especiales 109

Interés nutricional 110
Energía: alimentos particularmente ricos 110
Lípidos: ¡vivan las «buenas» grasas! 111
Proteínas: un factor que no debe despreciarse 111
Glúcidos: un papel muy secundario 112
Vitaminas: una paleta muy variada. 112
Minerales: una concentración
   particularmente elevada. 113
Fibras: ideales para el tránsito intestinal 114
Los oleaginosos en la alimentación: un lugar
   por reconquistar 114

Cultivo y tecnología 116
La simplicidad en el menú 116
Presentación comercial y aditivos 116
Conservación 117

ÍNDICE

Utilización 118
Ingredientes que quedan bien en todas partes. 118
Alergias: una tolerancia que debe controlarse 118

Los oleaginosos y los distintos regímenes 120
Régimen hipocalórico: ¡a pequeñas dosis! 120
Enfermedades cardiovasculares: ¡sobre todo,
 no prohibirlos! 121
Régimen sin sal: saber escoger
 los oleaginosos 121
Colitis y gastritis: deben evitarse
 los oleaginosos 122
Diabetes: una buena protección vascular 122
Estreñimiento: una prevención muy eficaz 123
Deportistas: una buena recarga mineral 123
Niños y adolescentes: a pequeñas dosis 124
Mujeres embarazadas y en periodo de lactancia:
 golosinas equilibrantes 124
Vegetarianos: complementos insustituibles 125
Cantidades y frecuencias aconsejadas 125

Las combinaciones nutricionales 126
Cereales y sus derivados: minerales complementarios . . . 126
Productos lácteos: un suplemento de calcio 126
Carnes y pescados: un mayor equilibrio lipídico 127
Frutas y verduras: perfiles diferentes
 pero complementarios 127

Los distintos oleaginosos 129
Almendras 129
Anacardos (salados) 131
Avellanas 133
Cacahuetes 135
Girasol 137
Nuez 139
Nuez pacana 141
Piñones 143

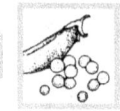
LAS LEGUMBRES Y LOS FRUTOS SECOS

Pistachos (tostados y salados) 144
Sésamo 146

CUARTA PARTE
RECETAS Y MENÚS

RECETAS Y MENÚS: LAS LEGUMBRES 151
La preparación básica de las legumbres 151
Ensaladas 156
Potajes y sopas 168
Entrantes calientes y terrinas 181
Platos principales 188

RECETAS Y MENÚS: LAS FRUTAS SECAS
    Y LOS OLEAGINOSOS 218
Platos salados 218
Platos dulces 234

ÍNDICE DE PREPARADOS Y RECETAS 253
Las legumbres 253
Las frutas secas 255

Introducción

¿Qué puntos en común existen entre alimentos aparentemente tan distintos como las legumbres, la fruta seca o las semillas oleaginosas?

En primer lugar, quizás estos alimentos aparecen sólo de vez en cuando en su mesa. Al igual que para muchos occidentales, estos productos son para usted «una curiosidad»: pollo con ciruelas en Navidad, cacahuetes para el aperitivo y pasas de Corinto en una tarta... ¡Tampoco es mucho!

En segundo lugar, cabe indicar que, respecto a estos alimentos, circula una infinidad de ideas preestablecidas con las que, como todo el mundo, está más o menos de acuerdo: las lentejas, las judías y los garbanzos son indigestos y complicados de preparar; la fruta seca engorda, y en cuanto a las nueces y las semillas oleaginosas ¡son productos muy grasos! En caso de duda, ciertamente es mucho mejor abstenerse: es lo que mucha gente piensa acerca de estos alimentos.

En tercer lugar, el argumento que yo prefiero es que, a pesar de todo, son alimentos apreciados cuando se toman ¡incluso con mala conciencia! Una buena fabada, unas lentejas a la riojana, una tarta de nueces o un relleno de ciruelas, pralinés de almendras... ¿Quién puede resistirse a estas delicias?

Por ello esta obra se orienta en dos sentidos: en primer lugar, los aspectos nutricionales, para borrar las ideas preconcebidas y, en segundo lugar, establecer algunas sugerencias culinarias que demuestran que cocinar estos vegetales no es tan complicado. Con la unión de ambos aspectos, lo que significa descubrir estas

LAS LEGUMBRES Y LOS FRUTOS SECOS

golosinas, le animaremos a consumir estos alimentos ¡mucho más a menudo!

Se sorprenderá de cómo legumbres, fruta seca y frutos oleaginosos, lejos de ser alimentos sin interés para su salud, contribuyen activamente a reequilibrar algunos problemas de la alimentación moderna. Gracias a su excepcional densidad nutritiva, son remineralizantes, aportan vitaminas variadas y complementarias y son excelentes fuentes de fibras, glúcidos complejos y proteínas vegetales. Si se consumieran con más regularidad, limitarían algunas carencias de aporte de elementos esenciales: hierro, magnesio o calcio.

¿Quizá sea suficiente conocer mejor y saber utilizar estos alimentos para consumirlos con regularidad? Sin cambiar las propias costumbres alimentarias, es cierto que estas pueden mejorar si integramos en nuestros menús, más a menudo, esos ricos vegetales repletos de nutrientes esenciales.

¿Legumbres o leguminosas?

En el habla corriente, se intercambian ambas denominaciones. Pero las leguminosas son, en realidad, un género botánico: plantas que dan semillas dentro de una vaina, y no en espiga, como los cereales. Las leguminosas incluyen las lentejas, los guisantes, las judías, pero también la soja o los altramuces, por ejemplo.

Pueden consumirse en el momento de la cosecha, frescas: al ser bastante ricas en agua, se conservan poco tiempo, como las verduras. Luego estarán disponibles a lo largo de todo el año, deshidratadas. De ahí su denominación de legumbres *secas*.

Al ser esta la forma de consumo más habitual, utilizaremos indiferentemente, a lo largo del libro, los dos términos. Aunque, para ser más correctos, deberíamos hablar de *semillas leguminosas deshidratadas*...

Además, el cacahuete, que es una leguminosa, aparece en el capítulo de los frutos oleaginosos (o frutos secos), ya que su contenido de lípidos es elevado y su perfil nutritivo está más cerca del de la nuez que del de las judías o las lentejas.

Primera parte
LAS LEGUMBRES

Interés nutricional

Energía: un aporte moderado

A menudo se considera que las legumbres son alimentos muy energéticos y favorecen el aumento de peso. ¿Es así en realidad? Su aporte energético, cocidas, no pasa de las 100 kcal por 100 g. Es el mismo que el de la pasta, el arroz o las patatas.

Una ración media de leguminosas se sitúa entre los 200 y 250 g, o sea, de 200 a 250 kcal, lo que sigue siendo muy poco. Recordemos que una persona adulta, con una actividad moderada, debe consumir entre 1.800 y 2.500 kcal al día. Una ración de lentejas o de judías representa sólo el 10 % del aporte energético diario.

La importancia del aporte energético de algunos platos que contienen oleaginosas proviene de hecho de las materias grasas que se añadan.

La mayoría de recetas clásicas llevan en efecto embutidos grasos (lentejas con chorizo), crema de leche (lentejas a la crema) o aceite (puré de guisantes).

Para aligerar estos platos, es indispensable escoger mejor los ingredientes e introducir otros alimentos más importantes para el equilibrio alimentario. Algunas partes del cerdo son magras: la espaldilla o el filete. Pueden sustituir el chorizo o la panceta, o sólo en parte, lo que disminuirá el aporte lipídico, y su sabor se conservará si opta por pedazos curados (salados) o ahumados. El beneficio es evidente para la línea, pero también para la digestión.

LAS LEGUMBRES Y LOS FRUTOS SECOS

También puede intentar combinar las leguminosas con otros productos: pescados, crustáceos o aves (pollo, pavo). Estas asociaciones son originales y forman platos ligeros y digestivos (véase el capítulo de recetas).

Por último, siempre es posible mezclar legumbres y verduras: estas últimas, como acompañamiento, al ser muy poco calóricas, aligeran aún más el plato.

Un último consejo: la preparación culinaria de las legumbres necesita siempre una cocción con agua, por lo tanto ligera. No deberá añadirles un exceso de materias grasas: cocidas en un caldo bien condimentado, las legumbres no necesitan sazones complicadas. Ellas mismas se bastan. ¡Sólo es cuestión de descubrir su sabor!

Glúcidos: los verdaderos glúcidos lentos

Las legumbres son buenas fuentes de glúcidos: aportan de 13 a 15 g por 100 g (tras su cocción). Estos glúcidos resultan convenientes, puesto que están constituidos por almidón, un glúcido complejo compuesto por cadenas de glucosa.

Este almidón, de constitución específica, se asimila muy lentamente en el momento de la digestión, liberando su energía de forma progresiva y durante varias horas. Es lo que se llama un *glúcido lento*, por oposición a los rápidos, que se asimilan con mayor rapidez y segregan mucha insulina.

El almidón de las legumbres se comporta así por varias razones. En primer lugar, su estructura es muy particular: en ella predomina la amilosis (una fracción específica del almidón) y es resistente a las enzimas digestivas.

La hidrólisis en pequeñas moléculas de glucosa es muy lenta e incompleta, lo que provoca un escalonamiento en el tiempo de asimilación.

La presencia de fibras solubles en elevada cantidad disminuye la asimilación de glúcidos. En las legumbres, esas fibras están ligadas a los glúcidos y disminuyen la eficacia de los jugos gástricos. Una parte del almidón llega al colon, última etapa del

INTERÉS NUTRICIONAL

tránsito intestinal, y es «digerida» por las bacterias y la flora. Esta fermentación da lugar a diferentes compuestos y, en particular, a gases.

Las legumbres contienen, además de almidón, glúcidos muy específicos de este género botánico: los oligosacáridos, pequeñas moléculas formadas por dos o tres moléculas de glucosa, fructosa y galactosa. Su comportamiento durante la digestión es diferente, ya que nuestras secreciones gástricas son incapaces de transformarlos en pequeñas unidades. Por ello no se asimilan y llegan intactos al colon o, como el almidón residual, son fuente de fermentaciones bacterianas. Estas son las que provocan hinchazón y molestias digestivas en algunas personas. Se puede limitar su importancia, aunque sea imposible evitarlas, con algunas reglas de preparación (véase «¿Cómo digerir mejor las legumbres?», pág. 30).

LA DIGESTIÓN DE LOS GLÚCIDOS

Los glúcidos complejos necesitan, para ser absorbidos por la mucosa digestiva, una hidrólisis. Sus largas cadenas de glucosa se dividen en fracciones cada vez más pequeñas y se convierten en moléculas unitarias aisladas. La digestión se inicia en la boca, con la ayuda de la saliva, que contiene tialina, una enzima que empieza la hidrólisis. Luego, el almidón se encuentra con la alfaamilasa, en el duodeno, que continúa y acaba, pero de forma a veces incompleta, esta transformación. Algunos glúcidos no pueden ser atacados por nuestros jugos gástricos, ya que estos últimos no contienen las enzimas adecuadas: es lo que sucede con los oligosacáridos de las legumbres, pero también con la inulina de la alcachofa o la celulosa presente en todos los vegetales.

Esas sustancias, cuando llegan al colon, son degradadas por las bacterias de la flora intestinal. Para los glúcidos simples (glucosa, fructosa...) la asimilación es directa, sin transformación química.

LAS LEGUMBRES Y LOS FRUTOS SECOS

Proteínas: casi perfectas

Cuantitativamente, las proteínas representan el nutriente más importante, después de los glúcidos, de las leguminosas. Es lo que las diferencia de los cereales.

Las legumbres contienen de 8 a 10 g de proteínas por 100 g, tras su cocción.

Comparativamente, los cereales cocidos contienen raramente más de 3 g por 100 g. Esta noción de riqueza en proteínas, que ha dado el sobrenombre de «carne del pobre» a las leguminosas, debe matizarse.

La calidad de las proteínas, sea cual sea el alimento, depende de su contenido en aminoácidos. Los aminoácidos son pequeñas moléculas que, asociadas a centenares de moléculas en una larga y compleja cadena, forman las proteínas. Estos son utilizados, una vez asimilados, por el organismo para fabricar sus propias proteínas y construir sus tejidos. Pero algunos deben estar obligatoriamente presentes en la alimentación, ya que nuestro organismo no sabe sintetizarlos. Son ocho: isoleucina, leucina, lisina, metionina, fenilalanina, teonina, triptófano y valina. Estos aminoácidos, «esenciales», son necesarios diariamente y en una proporción adecuada.

Las leguminosas, como todas las proteínas vegetales, son deficientes en un aminoácido: la metionina. Es lo que limita su interés nutritivo y que comporta que no puedan ser la única fuente de proteínas alimentarias.

No obstante, la alimentación suele ser variada y es raro, en España, que se carezca de aminoácidos esenciales, ya que nuestra alimentación es rica en proteínas animales. Las proteínas de las leguminosas completan las demás fuentes proteínicas, y permiten limitar la presencia de otras fuentes de origen animal.

Además, la naturaleza es sabia y las proteínas vegetales se completan perfectamente entre sí. Los cereales contienen metionina, pero son pobres en lisina. Este aminoácido esencial está presente en las leguminosas. La combinación de esos dos tipos de vegetales constituye un complemento perfecto, lo que per-

INTERÉS NUTRICIONAL

mite obtener una mezcla de aminoácidos de muy buena calidad, próxima a la de la carne o los productos lácteos. Combinando legumbres y cereales, se puede perfectamente, desde el punto de vista proteínico, no comer carne.

Por último, entre las leguminosas, la soja tiene un perfil equilibrado, ya que es la menos deficiente en metionina. Contribuye, combinada con otras leguminosas, a equilibrar el aporte nutritivo de estos últimos.

Lípidos: prácticamente ausentes

Los lípidos son los grandes ausentes: ni siquiera representan 1 g por 100 g, salvo en los garbanzos, donde alcanzan… 2,5 g por 100 g, ¡lo que es muy poco!

Las legumbres permiten equilibrar nuestra alimentación, a menudo demasiado grasa, en la medida en que se cocinen con muy pocos elementos grasos.

Los lípidos que contienen las leguminosas son insaturados y están desprovistos de colesterol: se aconsejan para la prevención de enfermedades cardiovasculares.

Vitaminas: paso al grupo B

El aporte vitamínico de las legumbres es una de sus cualidades más interesantes.

Existen dos categorías de vitaminas: liposolubles e hidrosolubles.

Las primeras (A, D, E y K) están sólo presentes en la parte grasa de los alimentos. Es fácil entender que las legumbres estén desprovistas de estas. Sólo los garbanzos, cuyo contenido lipídico es más importante, contiene vitamina E (antioxidante) y una muy débil cantidad de carotenos (antioxidantes también).

Esos aportes permanecen débiles comparados con otras fuentes alimentarias.

LAS LEGUMBRES Y LOS FRUTOS SECOS

La vitamina B_9, o ácido fólico, es una de las mejor representadas. Las legumbres aportan de 50 a 100 µg por 100 g cocidos, o sea, entre un cuarto y un tercio de las necesidades diarias de esta vitamina.

El ácido fólico es indispensable para la síntesis celular y para la producción de glóbulos rojos. Es una vitamina esencial durante el crecimiento, el embarazo o el periodo de lactancia. Actúa en sinergia con el hierro, también presente en las leguminosas, para prevenir la anemia.

Las legumbres convienen, pues, a las mujeres embarazadas, siempre que sean toleradas por el aparato digestivo.

Las vitaminas B_1, B_3, B_2 y B_6 contribuyen a la transformación de los nutrientes en energía o en elementos de almacenaje. Son necesarias para el funcionamiento equilibrado de los distintos metabolismos en el seno de cada célula.

En cambio, las leguminosas están desprovistas, al igual que todos los vegetales, de vitamina B_{12} (antianémica). Eso significa que la alimentación debe aportar esta vitamina con otros nutrientes: la carne, el pescado, los productos lácteos, algunas algas.

Una alimentación compuesta por vegetales será muy deficitaria en esta vitamina. Las leguminosas germinadas (lentejas o soja), crudas, son ricas en vitamina C y sintetizan los pigmentos carotenoides (provitamina A), lo que les otorga otras ventajas. Para conservar el máximo de vitaminas en las legumbres, evite cocerlas con mucha agua y consuma, cuando sea posible, el líquido de la cocción (potaje, legumbres cocidas a fuego lento o estofadas).

Minerales: una concentración excepcional

Las legumbres tienen una densidad mineral excepcional. Son órganos de almacenamiento que deben permitir a una nueva planta ver la luz.

Por ello es completamente lógico que sean concentrados en elementos vitales.

INTERÉS NUTRICIONAL

Predomina el *potasio* (300 a 450 mg por 100 g cocidos), y se combina con una tasa de *sodio*, en cambio, muy débil (inferior a los 5 mg). Eso confiere a las legumbres propiedades diuréticas: su consumo favorece la eliminación renal y limita la retención de agua. Esta propiedad se diluye si se añade sal (que contiene sodio) durante la preparación.

El *calcio*, el *fósforo* y el *magnesio* también están presentes en gran cantidad.

Estos tres elementos son indispensables para el metabolismo óseo: garantizan el crecimiento y la solidez del esqueleto. Las judías pintas y las blancas son las leguminosas más ricas en calcio (70 mg por 100 g cocidos) y en magnesio.

Las legumbres están muy indicadas para el crecimiento, pero también durante todos los periodos de la vida en que las necesidades minerales se sitúan en primer plano (menopausia, personas mayores) y cuando el organismo «gasta» más (en caso de actividad deportiva).

Algunos ligeros problemas de sueño, espasmofilia, calambres y cansancio debido al estrés podrían mejorar con una alimentación más rica en magnesio, al igual que si se aumentara la cantidad de legumbres.

Por último, la fuerza principal de las legumbres reside en su contenido de hierro: de 2 a 3 mg por 100 g. Este valor las pone al mismo nivel, teóricamente, que las carnes rojas. Pero el hierro vegetal se asimila peor que el hierro animal. Una parte del hierro contenido en las legumbres pasa sólo por el tubo digestivo, y es eliminado con las materias fecales. La vitamina C aumenta su biodisponibilidad: deben asociarse verduras crudas (frutas y verduras) a menús que contengan legumbres. Las proteínas animales, incluso presentes en poca cantidad, mejoran su biodisponibilidad.

Un aporte mineral elevado no tiene contraindicaciones. Nuestra alimentación moderna, rica en alimentos refinados, no contiene bastantes minerales. Las legumbres mejoran también este desequilibrio. En cambio, para algunas personas con enfermedades renales graves (insuficiencia renal), se desaconsejan las legumbres por esa razón.

LAS LEGUMBRES Y LOS FRUTOS SECOS

Fibras: variadas y eficaces

Nuestra alimentación carece de suficientes fibras vegetales: consumimos 12 g al día, mientras que algunos expertos en nutrición consideran que el aporte óptimo debe situarse entre 25 y 30 g. Se conocen cada vez mejor las consecuencias de una alimentación pobre en fibras: estreñimiento, divertículos, pero también otras más graves, como el aumento de la frecuencia de cánceres colorrectales.

Esta deficiencia parece favorecer la frecuencia de las enfermedades cardiovasculares, de la diabetes y la obesidad. Estas enfermedades, llamadas «de la civilización», podrían ser menos corrientes si consumiéramos de forma más regular vegetales ricos en fibras y legumbres.

Estas últimas son una fuente importante de fibras: aportan de 8 a 9 g por 100 g cocidos, lo que las sitúa entre los alimentos naturales más ricos en fibras.

Contienen distintos tipos de fibra, lo que les otorga distintas propiedades. Las fibras solubles, como algunas hemicelulosas o las pectinas, muy abundantes en las leguminosas, tienen sobre todo efectos metabólicos: disminuyen la asimilación de glúcidos y lípidos, y, gracias a su viscosidad, favorecen la excreción fecal del colesterol.

Las fibras insolubles (celulosa) son muy importantes para luchar contra el estreñimiento: aumentan la hidratación y el volumen de las heces y disminuyen el tiempo de tránsito intestinal.

Las propiedades laxantes de las legumbres se deben también a la presencia de glúcidos no digeridos, en particular fermentables.

Esos fermentos cólicos producen algunas sustancias estimulantes (los ácidos grasos de cadena corta), que aumentan la motilidad del colon.

Esta estimulación de los procesos de digestión puede ser muy útil cuando se padece estreñimiento. Pero algunas personas, cuya mucosa digestiva es muy frágil, no se atreven a consumir legumbres por esta razón. Siempre es necesario com-

INTERÉS NUTRICIONAL

probar la tolerancia personal a las leguminosas, ya que varía de una persona a otra. Sin embargo, es preciso recordar algunos consejos:

— consuma legumbres en pequeñas cantidades, porque el efecto «fibra» estará menos marcado;
— asócielas a otras féculas menos laxantes (pasta, patata, arroz);
— consúmalas en forma de potaje o puré, tras triturarlas para eliminar su envoltorio, muy rico en fibra;
— tómese el tiempo de comer y de masticar bien.

Sustancias antinutricionales: ¡no dramaticemos!

A veces se reprocha a las leguminosas que contienen sustancias antinutricionales: se trata de sustancias presentes en la planta de modo natural y que dificultan la asimilación o la utilización de algunos compuestos indispensables.

Es cierto que las legumbres contienen ácido fítico, como los cereales completos, una molécula que limita la absorción intestinal de algunos minerales. Pero es preciso saber que eso afecta sólo a una parte del aporte mineral de las legumbres: al contener tanta cantidad, su contribución para cubrir nuestras necesidades sigue siendo real. El contenido de ácido fítico disminuye durante la germinación, y las personas que consumen legumbres en gran cantidad (lo que es bastante raro) deberían dejar que germinaran. Además, algunos estudios tienden a demostrar que el ácido fítico no es un simple «antinutricional», sino que tiene propiedades protectoras y equilibradoras del colon.

También debe indicarse que las leguminosas contienen factores antitrípticos: sustancias que limitan la eficacia de las enzimas que permiten la absorción de proteínas.

Como esos factores son destruidos por la cocción, sus consecuencias son insignificantes en una alimentación variada y equilibrada.

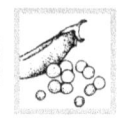

LAS LEGUMBRES Y LOS FRUTOS SECOS

Las legumbres en la alimentación: hacia el equilibrio alimentario

Las propiedades nutritivas específicas de las legumbres se resumen del siguiente modo: buen aporte de glúcidos complejos y proteínas vegetales, concentración elevada de vitaminas, minerales y fibras. Corresponden a las recomendaciones nutricionales actuales, que mejoran nuestro equilibrio alimentario:

— más glúcidos complejos: un adulto debería consumir de 150 a 200 g al día. Una ración de legumbres aporta de 30 a 40 g;
— más proteínas vegetales: se aconseja un aporte equivalente de proteínas de origen vegetal y animal (ya sea de 30 a 35 g de cada para un adulto). Una ración de leguminosas contiene de 15 a 20 g;
— menos lípidos: las legumbres carecen de lípidos;
— más fibras: las legumbres son una fuente excelente de lípidos (una ración aporta de 15 a 20 g);
— aporte regular de micronutrientes: las leguminosas son muy ricas en estos.

¿CÓMO INCORPORAR LAS LEGUMBRES EN LOS MENÚS?

En la práctica, ¿cómo incorporar las legumbres en los menús?
• Sustituya una vez por semana un plato de pasta, de patatas o de arroz por legumbres: lentejas, judías, garbanzos.
• Mezcle las verduras frescas con legumbres (habichuelas, garbanzos) una vez a la semana. Piense también en los purés.
• Prevea un potaje de verduras y legumbres por semana (minestrone, sopa de lentejas).
• Añada garbanzos, judías pintas o lentejas a una ensalada de crudités servida como entrante (una vez a la semana).
Empieza la cuenta atrás: su familia consumirá legumbres cuatro veces por semana... ¡sin prácticamente darse cuenta!

INTERÉS NUTRICIONAL

No se trata, obviamente, de alimentarse sólo de legumbres: la clave del equilibrio radica en la diversidad y en la variedad. Pero aumentar la frecuencia de consumo de este grupo de alimentos que tomamos tan raramente sólo puede mejorar nuestras costumbres.

Todo esto no significa que debamos tener una alimentación vegetariana, sino cambiar las proporciones de los alimentos de origen animal y vegetal para beneficiar nuestra salud. Los vegetales frescos, los cereales y las legumbres representan la base de una alimentación equilibrada, ¡no lo olvide!

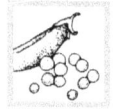

Producción y tecnología

Un cultivo simple y natural

Las leguminosas se producen en todo el mundo. En España se cosechan lentejas (las excelentes lentejas pardinas o verdinas de La Sagra) y judías, entre otras legumbres. Intervienen en gran número de recetas tradicionales de nuestra cocina.

El cultivo de leguminosas exige pocos abonos, ya que las plantas son capaces de fijar y utilizar el hidrógeno del aire, lo que es un factor muy original. Los cereales y los cultivos de huerta necesitan un aporte de hidrógeno en la tierra para desarrollarse. Las leguminosas favorecen la regeneración de la tierra al alternar su cultivo con otros que precisan más hidrógeno. Su particular metabolismo permite limitar los aportes de abonos contaminantes, y que se preserve el medio ambiente.

Cosechadas cuando están maduras, las semillas se extraen de las vainas o envoltorios y son deshidratadas para su perfecta conservación. Las semillas, como si estuvieran en un letargo, no evolucionan y se conservan varios meses sin problemas, simplemente embaladas en cajas de cartón o bolsas. Compruebe si figura en el envase la fecha de cosecha de las legumbres: consumidas durante su mismo año, serán mejores. Aunque sus propiedades no cambien, su sabor será superior unos meses después de la cosecha.

Durante la temporada (finales de verano), consuma las leguminosas frescas: su sabor se acerca al de las verduras. Se encuentran fácilmente habas y judías, y con más dificultad lentejas (en las regiones productoras).

PRODUCCIÓN Y TECNOLOGÍA

Presentaciones comerciales variadas

Las leguminosas están disponibles secas, en bolsas o paquetes. Deshidratadas, no contienen ni aditivos ni conservantes. Se trata de productos básicos, que pueden encontrarse procedentes de cultivos biológicos. Es la presentación más corriente. Se conservan durante varios meses al abrigo del calor y de la humedad, ¡si no corren el riesgo de germinar! Es una forma sencilla de almacenarlas en casa, y de tenerlas siempre a mano. Pero necesitan una larga cocción y a veces es preciso dejarlas en remojo toda la noche.

Para los platos hechos en casa, las legumbres son insustituibles, y podrá añadirles aromas e ingredientes de su elección. La cocción tarda un poco más, pero, en cambio, no deberá vigilarlas y es fácil tener éxito.

También es posible encontrar las legumbres cocidas, envasadas al vacío o no, y en conserva; son muy prácticas, ya que sólo es preciso calentarlas. Este tipo de preparado es ideal para ensaladas mixtas y cuando las legumbres sean sólo el acompañamiento.

Es preferible escogerlas al natural; eso permite personalizar el plato en el momento de calentarlo con plantas aromáticas, otras hierbas o ingredientes.

Desde hace poco, es posible comprar también judías y habas congeladas, lo que presenta la ventaja de poder conservarlas mucho tiempo y no estar cocinadas: se preparan al gusto en el momento de cocinarlas.

Se trata de leguminosas frescas (que no se han deshidratado ni congelado durante la temporada), cuya cocción es relativamente corta.

Por último, en algunas regiones, se puede encontrar harina de legumbres: de lentejas y garbanzos, sobre todo, que han representado durante mucho tiempo el ingrediente principal de las galletas, pasteles o panes. Su utilización sigue siendo muy local, pero no dude en comprar cuando se desplace a las zonas donde exista esta costumbre; da a los platos un sabor muy particular.

LAS LEGUMBRES Y LOS FRUTOS SECOS

Conservación: no la prolongue indefinidamente

Las legumbres envasadas se conservan con facilidad durante varios meses. Sin embargo, intente realizar una buena rotación de sus provisiones: utilice siempre el paquete más antiguo y no compre antes de tiempo. Pierden su sabor al cabo de unos meses y son más difíciles de rehidratar: su cocción tardará más y conllevará una pérdida vitamínica importante.

Las conservas tienen una fecha límite de consumo impresa en la lata: no la supere y no las almacene inútilmente. Intente sobre todo tener una cierta variedad de legumbres (lentejas, garbanzos, judías pintas y habichuelas) y, sobre todo, escoja varios calibres y tipos de preparado (al natural o cocidos). Eso le permitirá tener siempre a mano el producto que se adapte mejor a sus necesidades. Por último, elimine las latas cuya tapa se haya abombado o sea cóncava, y las que estén abolladas. Pueden presentar fisuras y su contenido no está indicado para el consumo. Las legumbres cocidas envasadas al vacío también son muy prácticas y su consistencia bastante firme es más adecuada para la realización de ensaladas. Se conservan varios meses a temperatura ambiente, al abrigo de la luz (compruebe la fecha de caducidad en el envase).

Las leguminosas compradas frescas se conservan en un lugar fresco, en una bodega o en la parte baja del frigorífico, y son mejores si se cocinan rápidamente tras su cosecha, como todos los vegetales.

Tras su cocción, la legumbres, que fermentan con rapidez, deben almacenarse en un lugar fresco, en un recipiente hermético. Se pueden conservar sólo durante dos o tres días. Es posible congelar las legumbres, en pequeñas cantidades, en bolsas. Es muy práctico para añadirlas en los potajes o cocidos, por ejemplo: una vez cocidas, no aumentan el tiempo de cocción de los demás ingredientes.

Utilización

La cocción, etapa indispensable

A medio camino entre las verduras y las féculas, las legumbres se utilizan por último como... la patata.

Su riqueza en almidón necesita una cocción prolongada con agua, para que se hidraten y sufran una modificación fisicoquímica: la gelatinización. Las semillas de almidón, con el agua caliente, se transforman en algo gelatinoso, que será más sensible a los ataques de las enzimas digestivas. La importante presencia de fibras vegetales exige también una cocción larga, lo que permite suavizarlas y hacerlas menos irritantes para el tubo digestivo.

El principio básico de la utilización de legumbres es su cocción con agua. Escoja un agua muy poco mineralizada (agua de manantial), ya que el calcio las hace correosas y prolonga su cocción. Por esa misma razón, es preferible salar el preparado solamente al final de la cocción.

Cuando se terminan de cocer, las legumbres están listas para ser utilizadas como tales (de acompañamiento), mezcladas para obtener un buen potaje, trituradas para lograr un fino puré, o escurridas y sazonadas con una vinagreta para las ensaladas.

Es mejor consumir las leguminosas calientes o templadas; por ello es preferible, incluso en las ensaladas, que sean templadas. Así estarán más tiernas y más sueltas, ya que al enfriarse, el almidón, gelatinoso, forma una masa.

LAS LEGUMBRES Y LOS FRUTOS SECOS

¿Cómo digerir mejor las legumbres?

Las legumbres tienen fama de ser indigestas: favorecen las flatulencias y la hinchazón abdominal. Desde la introducción de las judías en España, en el siglo XVI, se conoce la tendencia de las legumbres a provocar problemas intestinales.

Su tolerancia es muy variable de una persona a otra, y está relacionada con la cantidad consumida, así como con el modo de preparación.

El fenómeno de la flatulencia se debe al carácter químico de las leguminosas y es inevitable, pero se puede limitar su importancia. Las leguminosas contienen fibras vegetales, almidón que se asimilará sólo parcialmente por el sistema digestivo y glúcidos específicos (rafinosa), que nuestro organismo no puede hidrolizar en moléculas de azúcar simples. Esos tres tipos de compuestos llegan al colon, donde las bacterias de la flora intestinal los utilizarán. Estas últimas, al consumir glúcidos, producen gases en el colon, causantes de las flatulencias y de las molestias digestivas que siguen a la ingestión de legumbres.

Por ello, la producción de gas no puede evitarse: está relacionada con los compuestos químicos presentes en esos vegetales.

Por otra parte, algunas reglas de preparación y de consumo mejoran su tolerancia.

Consumir legumbres en pequeñas cantidades y con regularidad

La flora se modifica en función de la calidad de la alimentación, con lo que un consumo de legumbres regular favorece su tolerancia. Intente preparar de una a dos veces por semana legumbres en los potajes o las ensaladas. La cantidad consumida es también un elemento importante. Una afluencia masiva de glúcidos fermentables en el colon provoca hinchazones. Al contrario, dos cucharadas de judías, junto con otras verduras,

UTILIZACIÓN

o un puñado de lentejas en un potaje, no provocan ningún problema. Añada las legumbres a otras verduras, si es propenso a desarreglos digestivos: judías pintas o blancas en las ensaladas, mezcla de habichuelas y judías verdes, lentejas en los potajes, pero también en las ensaladas mixtas. Siempre se tolerarán mejor.

Algunas legumbres se digieren mejor que otras

Las lentejas, los guisantes secos y la soja en semillas provocan menos flatulencias que las judías. Esto parece ser debido a su escaso contenido de fibras y glúcidos fermentables. Escoja siempre las legumbres que más le convengan.

Una cocción prolongada

Una cocción prolongada aumenta también la tolerancia: el almidón, cocido, se asimilará mejor en el intestino delgado, con lo que las fermentaciones cólicas serán menores.

El remojo

Permite una mejor hidratación de las semillas y facilita mucho su cocción.
   Se recomienda que se pongan las legumbres en remojo durante 12 horas (una noche) con un vaso de agua de manantial, y luego se deseche el agua antes de cocerlas.

La utilización de hierbas aromáticas

Facilitan la digestión de las legumbres; se trata del tomillo, el laurel, la ajedrea, el romero y el perejil. Sin embargo, en caso de digestión difícil, evite añadir ajo.

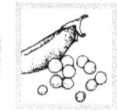

LAS LEGUMBRES Y LOS FRUTOS SECOS

Retire el envoltorio externo de las semillas

Rico en fibras y a menudo correoso, este envoltorio se muestra resistente a los ataques de las enzimas gástricas. Se puede retirar, cuando sea posible: los guisantes secos no llevan y en los cocidos se retira fácilmente. En las demás legumbres una posible solución es triturarlas. Se obtiene un puré más digestivo que se consume tal cual o diluido con caldo para que sea más ligero.

Debe abandonarse la costumbre de cocer las legumbres con agua bicarbonatada para facilitar su digestión, ya que se provoca una disminución de las vitaminas del grupo B (B_1 en especial), lo que sin duda es una lástima.

Intente, en cambio, salar al final de la cocción: la sal hace que las legumbres sean más correosas y menos digestivas. El agua calcárea tiene el mismo efecto.

Las legumbres y los distintos regímenes

Las legumbres ocupan un lugar destacado en muchos regímenes. Incluso, aunque provoquen algunos desarreglos digestivos, tienen muy pocas contraindicaciones, siempre que se consuman en cantidades razonables. Su aporte de fibras, minerales, glúcidos lentos y proteínas les confiere propiedades muy importantes para algunos regímenes.

Régimen hipocalórico: adelgazar comiendo legumbres

La base del régimen hipoenergético es crear un déficit de energía, pero conservando un aporte de proteínas y glúcidos complejos correcto. Las legumbres encajan en el perfil nutritivo buscado.

Su aporte de proteínas es elevado y equilibra el aporte de proteínas de la carne, el pescado, los huevos y los productos lácteos.

La ventaja de las legumbres es que no aportan lípidos, a diferencia de los productos animales.

Las legumbres tienen, además, un índice glucémico bajo: se asimilan muy lentamente y garantizan que la persona tenga sensación de saciedad, incluso varias horas después de la comida. Es un punto importante en el transcurso de un régimen adelgazante, ya que la restricción calórica global puede favorecer a las personas muy glotonas.

LAS LEGUMBRES Y LOS FRUTOS SECOS

El contenido de fibras de las legumbres permite luchar contra el estreñimiento, un trastorno muy normal en estos regímenes adelgazantes.

Por último, su aporte de minerales favorece un buen equilibrio neuromuscular (magnesio, calcio), y la resistencia a las infecciones (hierro, cobre), lo que limita la aparición de cansancio debido al adelgazamiento.

Por consiguiente, ¡no sólo no debe prescindirse de legumbres en un régimen hipocalórico, sino que pueden incluso aconsejarse!

En general, se desconfía de su aporte calórico, pero este aspecto no está justificado. Las legumbres son equivalentes a la pasta y el arroz, con un perfil nutritivo muy próximo, o al pan: 200 g de legumbres cocidas corresponden a 200 g de arroz o pasta cocida, o a 40 g de pan (o 3 biscotes). Su aporte energético es de 100 kcal por 100 g.

Una ración de legumbres o de otras féculas es compatible con la mayoría de regímenes.

Se puede, tranquilamente, en los regímenes más estrictos, disminuir una parte de esta ración a la mitad: sólo se consumirá un día de cada dos.

Es importante preparar las legumbres de forma ligera, con poca materia grasa, ya que el acompañamiento enriquece el plato en calorías: deje cocer las legumbres en agua aromatizada con cebolla, zanahoria y hierbas aromáticas. Las legumbres pueden servirse con carnes magras (pollo, pintada, bistec) y evitar los embutidos grasos.

Los pescados y mariscos casan con las lentejas, las judías o los garbanzos, como el bacalao ahumado, el rape, las gambas o las vieiras.

El acompañamiento deberá ser ligero: un poco de aceite de oliva, o una cucharada de crema de leche desnatada. Los potajes también son excelentes aliados durante un régimen: sacian sin tener un aporte energético considerable.

La frecuencia de aparición de las legumbres en los menús depende de su gusto y su tolerancia digestiva, pero no existe limitación particular, salvo el aporte energético.

LAS LEGUMBRES Y LOS DISTINTOS REGÍMENES

Régimen bajo en colesterol: vegetales que disminuyen el colesterol

Los principios del régimen bajo en colesterol son simples: limitar el aporte de materias grasas saturadas, y aumentar las insaturadas, las fibras y los glúcidos complejos. Eso significa consumir más vegetales (verduras y féculas), más materias grasas vegetales insaturadas y pescados, pero menos carne, embutidos y queso.

Es fácil entender que las legumbres tienen un lugar privilegiado en este tipo de régimen: en la alimentación deben dominar los vegetales y las fibras. Además, algunas leguminosas como la soja y las judías tienen un efecto positivo demostrado en los índices de colesterol sanguíneo.

En caso de sobrepeso asociado a un índice de colesterol elevado, se consumirán legumbres en cantidad razonable, siguiendo los consejos dados para el régimen hipoenergético. Si el peso es normal, no existe una limitación particular en cuanto a la cantidad de legumbres. La principal dificultad radica quizás en la forma de combinar estos feculentos con las materias grasas vegetales. Eso no corresponde a nuestras costumbres culinarias, donde las legumbres se combinan con embutidos o carnes grasas.

En cuanto a la prevención de enfermedades cardiovasculares se da prioridad a las materias grasas vegetales insaturadas y al aceite de oliva, que combina con las leguminosas. Le aconsejamos que deje cocer las legumbres con agua, con hierbas aromáticas, y luego las convierta en potaje (sin materias grasas), en ensalada (con una vinagreta) o en plato principal, con un hilo de aceite.

Dé prioridad al pescado y a las aves, productos animales que contienen muy pocos lípidos saturados, y evite añadir crema de leche o tocino.

La tradición mediterránea ofrece buenos ejemplos de combinación: con verduras, con pasta o arroz, las legumbres forman platos completos vegetarianos sabrosos y adaptados a este tipo de trastorno (véase el capítulo de recetas).

LAS LEGUMBRES Y LOS FRUTOS SECOS

Colitis y gastritis: reaprender a consumir legumbres

Las legumbres contienen glúcidos fermentables y fibras, lo que puede irritar la mucosa intestinal de algunas personas. En periodo de crisis aguda, se aconseja evitar el consumo de estos vegetales: la pasta y el arroz blanco se toleran mejor.

En cambio, fuera de esos periodos de dolor, y según sus gustos y deseos, es posible el consumo de legumbres en pequeña cantidad. Es preferible consumirlas en potaje, en forma de puré o con verduras frescas para limitar sus efectos. Por lo general, las lentejas son mejor toleradas, mientras que las judías provocan más molestias. Sobre todo es importante comprobar la propia tolerancia individual, consumiendo al principio una cucharada de legumbres bien cocidas, y aumentar las dosis progresivamente, hasta llegar a tres o cuatro cucharadas soperas.

Las legumbres deben cocinarse con sencillez: cocción con agua, con un poco de aceite de oliva, un poco de mantequilla cruda o crema de leche.

Por último, no olvide que la digestión empieza en la boca: mastique bien los alimentos para que las enzimas contenidas en la saliva sean más eficaces.

Diabetes: las legumbres, aliadas del equilibrio glucémico

En caso de diabetes, el régimen intenta estabilizar la glucemia, es decir, limitar al máximo los altibajos de la glucosa sanguínea. Sea cual sea el tratamiento de la diabetes (régimen, hipoglucémicos orales o insulina), el aporte glucídico de los alimentos no debe reducirse, sino equilibrarse. Las legumbres, gracias a su buen contenido de almidón (glúcidos complejos) ocupan un lugar privilegiado en este tipo de régimen. Asimiladas con lentitud, tienen poca influencia en la glucemia y en la secreción de insulina: por ello son muy interesantes para los

LAS LEGUMBRES Y LOS DISTINTOS REGÍMENES

diabéticos. Además, están desprovistas de lípidos y favorecen la prevención de enfermedades cardiovasculares, una de las principales complicaciones de la diabetes. Su contenido en fibras es también muy importante, puesto que disminuyen la asimilación de glúcidos y lípidos, y se aconsejan para la dieta de los diabéticos.

El aporte de glúcidos debe contabilizarse en la ración autorizada: 200 g de legumbres cocidas (ración media) aportan 40 g de glúcidos complejos, o sea, el equivalente de 200 g de pasta o arroz cocido o de 60 g de legumbres crudas (pesadas antes de la cocción).

En una ensalada mixta o en un potaje, la cantidad de legumbres es de 100 g cocidos por persona.

Estreñimiento: un lugar privilegiado para las leguminosas

Para prevenir el estreñimiento hay que aumentar el aporte de fibras. Las legumbres, alimentos muy ricos en fibras, estimulan el tránsito intestinal.

Se aconseja consumir regularmente legumbres, incluso en pequeñas cantidades, para garantizar un aporte diario mínimo de fibras. Intente introducir alguna leguminosa en el máximo posible de platos, ya que representa un aporte suplementario de fibras. Le proponemos aquí algunas ideas: añada un puñado de lentejas o de guisantes secos en los potajes, al principio de la cocción; enriquezca sus ensaladas mixtas con judías pintas o garbanzos (en conserva es más rápido); incorpore legumbres a las demás féculas, menos ricas en fibras (arroz y pasta). Para que su utilización sea simple y regular, tenga siempre a mano latas de conserva, paquetes congelados o legumbres ya cocidas y envasadas al vacío. Esto permite enriquecer muchas recetas, evitando la cocción. Y, cuando cocine un plato de legumbres, aumente las cantidades. Una vez cocidas, se conservan perfectamente en un recipiente hermético, en un lugar fresco y seco, de dos a tres días.

LAS LEGUMBRES Y LOS FRUTOS SECOS

El estreñimiento se acompaña a menudo de hinchazón o dolores digestivos, debido a los espasmos cólicos, que parece que las legumbres amplíen. De hecho, lo que provoca esta hinchazón es más bien el desequilibrio de la flora (causada por un desequilibrio alimentario).

Para reequilibrarla, es necesario reintroducir en la alimentación alimentos ricos en fermentos lácteos (yogures), en glúcidos fermentables y fibras.

Las legumbres, al igual que para quienes sufren cólicos, deberán introducirse muy cocidas, en forma de puré y en muy pequeña cantidad.

Régimen sin sal

Las leguminosas son muy pobres en sodio (3 mg por 100 g cocidos, de media), por lo que se adaptan bien a los regímenes bajos en sodio.

Es preciso cocinarlas con muchas hierbas aromáticas para que no estén sosas, y deberá evitarse añadir pastillas de caldo o embutidos, demasiado ricos en sodio.

Las conservas y las legumbres envasadas al vacío no son muy convenientes: siempre se les añade sal (300 mg de sodio por 100 g).

Régimen de la gota o hiperuricémico: una aproximación vegetariana

Algunas legumbres (las lentejas) contienen purinas, sustancias que favorecen el aumento de ácido úrico en la sangre. De hecho, parece ser que los alimentos vegetales no son perjudiciales en esta constante biológica y sólo las purinas contenidas en los productos de origen animal deberían limitarse en este tipo de régimen.

El régimen preventivo de la crisis de gota se basa en una restricción de productos cárnicos, en beneficio de los alimentos de

LAS LEGUMBRES Y LOS DISTINTOS REGÍMENES

origen vegetal. Por consiguiente, las legumbres no están prohibidas: al contrario, completan el aporte de los cereales y permiten disminuir la proporción de carne, conservando un aporte proteínico correcto.

Debe darse prioridad en todo momento a las recetas del régimen vegetariano: combinación de cereales (arroz, pasta, pan, maíz) y leguminosas.

Deportistas: legumbres sí, pero no en cualquier momento

Si el contenido de glúcidos complejos y el débil índice glucémico de las leguminosas las convierten en un alimento indicado para los deportistas, su mala digestibilidad las hace a veces incompatibles con una actividad física. El problema que se plantea aquí es el siguiente: ¿cómo aprovechar sus excelentes propiedades nutritivas, evitando al mismo tiempo las molestias digestivas?

En primer lugar deberán escogerse las leguminosas que se toleren mejor: las lentejas, cuando la cocción está bien hecha, no provocan problemas digestivos.

Cada persona deberá probar las leguminosas que mejor le convienen, pensando siempre que la cocción debe ser bastante larga y nunca hay que efectuarla con materias grasas.

Los potajes y purés se toleran mejor, aunque hay que masticar bien las legumbres.

En la práctica, las legumbres pueden consumirse en pequeña cantidad durante los periodos de entrenamiento, junto con otras féculas menos ricas en glúcidos fermentables (pasta y arroz). Están bien adaptadas a las comidas que siguen a una actividad física: permiten reconstituir las reservas de glucógeno muscular, gracias a su aporte de glúcidos complejos, y contribuyen a desintoxicar y reequilibrar el organismo. En cambio, se desaconsejan antes de un esfuerzo físico intenso o una competición, debido a sus consecuencias durante la digestión, ya que pueden afectar al rendimiento de los deportistas.

LAS LEGUMBRES Y LOS FRUTOS SECOS

Su riqueza mineral (calcio, magnesio, hierro, potasio) y su elevado contenido de vitaminas del grupo B hacen que las legumbres sean un alimento adecuado a las necesidades nutritivas del deportista.

Sería una lástima que no se aprovechara su efecto positivo en el tono neuromuscular y la utilización óptima de la energía para los músculos.

Niños y adolescentes: sólo para los mayores

¿A qué edad pueden introducirse las legumbres en la dieta alimentaria de los niños?

Su contenido de fibras y glúcidos fermentables, junto con una concentración mineral muy elevada, las hace desaconsejables para los más pequeños.

Así, deberá empezar a incorporar las legumbres en su dieta hacia los dos o tres años, y siempre en pequeñas cantidades, ya que pueden provocar una aceleración del tránsito intestinal, con las consecuencias ya conocidas: episodios de diarrea o hinchazones gástricas dolorosas. La mucosa intestinal de los niños es, además, mucho más sensible que la del adulto. A partir de los cuatro o cinco años, se pueden incluir en los menús de forma habitual, como para el resto de la familia, es decir, de una a dos veces por semana.

Los potajes y las ensaladas mixtas que contengan legumbres son bien aceptados por los niños, al igual que las recetas más simples (legumbres de acompañamiento), ya que aprecian el sabor «harinoso» de esas legumbres.

En el adolescente, es muy aconsejable el consumo de legumbres. Su perfil nutritivo particular responde a sus elevadas necesidades de energía y participa en el equilibrio de su alimentación.

Al igual que los adultos, los adolescentes consumen demasiados lípidos y proteínas animales, pero no bastantes glúcidos complejos. Una comida a base de legumbres y cereales (minestrone, pasta con lentejas, ensalada de trigo con garbanzos) sería

LAS LEGUMBRES Y LOS DISTINTOS REGÍMENES

una forma excelente de reequilibrar una alimentación demasiado basada en la carne.

Por último, un buen consejo para los adolescentes preocupados por su línea: es evidente que un plato de leguminosas no les provocará un aumento de peso ya que las legumbres sacian, evitan que se pique entre comidas y aportan una cantidad de energía muy modesta (un plato de lentejas o judías representa 250 kcal).

Mujeres embarazadas y en periodo de lactancia: aprender a tolerarlas

Las legumbres son muy aconsejables, desde el punto de vista nutritivo, durante el embarazo.

Sólo los problemas digestivos pueden llevar a prohibirlas: vómitos, molestias importantes en el colon, fuerte acidez de estómago…

Al final del embarazo, el útero, muy voluminoso, comprime el tubo digestivo y dificulta la digestión. Las legumbres, al final del embarazo, no están muy indicadas: es mejor consumir arroz o pasta, féculas que exigen un menor esfuerzo digestivo.

Aportan una buena dosis de glúcidos lentos, nutriente esencial para el desarrollo armonioso del niño, así como minerales, cuyas necesidades durante el embarazo son ciertamente elevadas en la mujer.

Al igual que en las enfermedades digestivas, se buscará preparar las legumbres de forma digestiva y ligera: cocerlas largamente con agua, luego sazonarlas con alguna materia grasa cruda. Los potajes y los purés son bien tolerados durante el embarazo.

Lo importante es consumir legumbres de forma regular (una a dos veces por semana), y siempre en pequeñas cantidades (de 100 a 150 g crudos).

Las lentejas se conocen desde hace mucho tiempo por su virtud galactógena: su consumo favorecería la producción de leche en la mujer. Aunque no se haya demostrado, nada contraindica

LAS LEGUMBRES Y LOS FRUTOS SECOS

el consumo de lentejas durante este periodo; por lo tanto ¿por qué no intentarlo?

En cambio, se ha podido constatar que las legumbres (al igual que otros alimentos) consumidas por la madre pueden provocar problemas digestivos a través de la leche. Si el niño padece molestias, es preferible evitar su consumo.

Vegetarianos: las leguminosas, el verdadero pilar de una alimentación vegetariana

Los vegetarianos son los consumidores de legumbres más regulares: sin este tipo de alimentos, es imposible equilibrar una alimentación sin carne.

Su aporte de proteínas es muy valioso y, aunque estos vegetales carecen de metionina, un aminoácido llamado «esencial», es fácil completarlos con las proteínas de los cereales, que contienen este aminoácido.

La combinación de cereales y leguminosas mejora mucho el valor biológico de sus proteínas, cuya composición se acerca a la de la carne.

Se puede así limitar el consumo de productos de origen animal sin riesgo de carencias y evitando la presencia de lípidos saturados que se encuentran de forma abundante en los productos animales.

Este fenómeno de complementariedad se conoce desde hace siglos, y muchas recetas se inspiran en él: arroz con lentejas, galletas de maíz y judías pintas, cuscús y garbanzos, pasta y guisantes, y todas las sopas ricas en verduras y leguminosas, completadas con pasta o arroz. Una combinación aún más simple, no lo olvidemos, es acompañar las legumbres con una rebanada de pan.

Las legumbres también tienen la ventaja, para los vegetarianos, de aportar minerales.

Su contenido de hierro (de 2 a 3 mg por 100 g de leguminosas cocidas), las hace muy valiosas en una alimentación sin carne. Para mejorar su asimilación, que es mucho peor que la del hierro contenido en la carne, se aconseja mezclar, en la misma comida, un alimento rico en vitamina C. El ácido ascórbico facilita la asimilación de este elemento: una ensalada de crudités, una fruta cruda o un zumo de limón fresco son recomendables para beneficiarse en buena medida del hierro de las lentejas.

El aporte de calcio, aunque no puede rivalizar con el de los productos lácteos, completa la ración y favorece una buena cobertura de esos nutrientes, imprescindibles para el buen funcionamiento del organismo.

Sucede lo mismo con el magnesio y otros oligoelementos (cobre, manganeso…).

Cantidades y frecuencias aconsejadas

El consumo actual de legumbres es muy bajo: 3 kg por persona y año.

Se aconseja, en el marco de una alimentación equilibrada, una ración de legumbres por semana, es decir, de 200 a 250 g (cocidos) semanales, lo que sería ya un buen «plus» adecuado a las necesidades alimenticias.

De hecho, las legumbres son, desde un punto de vista dietético, verdaderos concentrados de nutrientes indispensables: lo mínimo sería integrarlos al menos dos veces por semana en nuestros menús. ¡Todavía estamos muy lejos de eso!

Es preciso subrayar que los alimentos modernos refinados (harina, pasta, pan, azúcar…) son menos ricos en micronutrientes que los alimentos sin refinar (verduras frescas o cereales completos). Las legumbres pueden completar este aporte deficitario de hierro, calcio, magnesio, vitaminas del grupo B y fibras vegetales. Es lo que las hace interesantes para equilibrar nuestra alimentación.

Por último, el coste de legumbres es muy bajo: ¡eso es una ventaja más! Pero ¿quizá la percepción que se tiene de este alimento de los «pobres» es justamente negativo debido a su accesibilidad? ¡Sin duda debería mejorarse su imagen de marca para evitar estos prejuicios!

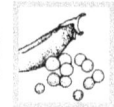

LAS LEGUMBRES Y LOS FRUTOS SECOS

LAS RACIONES MEDIAS SEGÚN LA EDAD Y LA RECETA CULINARIA

Las raciones medias varían en función de la edad y de la receta culinaria:

- Como acompañamiento:
— niño: 150 g cocidas (= 35 g crudas);
— adulto: 200 g cocidas (= 50 g crudas);
— deportista y adolescente: 250 g cocidas (= 60 g crudas).

- como entrante (ensalada mixta o potaje):
— niño: 75 g cocidas (= 20 g crudas);
— adulto: 100 g cocidas (= 25 g crudas);
— deportista y adolescente: 250 g cocidas (= 30 g crudas).

- como platos únicos de tipo vegetariano:
Combinación de leguminosas (1/3), cereales (1/3) y verduras (1/3):
— niño: 75 g cocidas (= 20 g crudas);
— adulto: 100 g cocidas (= 25 g crudas);
— deportista y adolescente: 125 g cocidas (= 30 g crudas).

Las combinaciones nutricionales

Ciertamente, las legumbres se bastan a sí mismas: su diversidad y su riqueza nutritiva las convierten en alimentos de alta calidad.

Pero, en una alimentación variada, rara vez se consumen solas: los demás alimentos las ponen en relieve en el plano culinario, pero también desde el punto de vista nutricional. Le toca a usted conocer los efectos de esas sinergias, para sacar el máximo provecho de las leguminosas.

Cereales y derivados: una complementariedad perfecta

Debemos insistir una vez más en esta combinación conocida desde tiempos remotos y practicada en todos los continentes: las primeras civilizaciones de América, Asia, la cuenca mediterránea o África lo entendieron de forma instintiva y consumieron cereales y leguminosas conjuntamente.

En esas civilizaciones, donde la carne era sólo un complemento consumido los días festivos, era preciso tener un medio que la sustituyera por alimentos menos costosos y mucho más corrientes.

La complementariedad de las proteínas de las leguminosas y de los cereales constituía una gran ventaja, que permitía garantizar al mismo tiempo la supervivencia y el crecimiento de las personas.

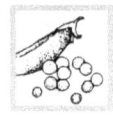

LAS LEGUMBRES Y LOS FRUTOS SECOS

SUGERENCIAS

He aquí algunos ejemplos que permiten combinar las proteínas de las leguminosas y los cereales (véanse también las recetas y sugerencias de la última parte del libro).

Lentejas:
- Ensalada de lentejas y arroz completo
- Potaje de lentejas y copos de cereales
- Lentejas con trigo triturado

Garbanzos:
- *Houmous* (puré de garbanzos) con pan
- Ensalada de garbanzos y queso bulgur

Judías:
- Polenta con judías blancas
- Ensalada de judías pintas y maíz
- Arroz y judías pintas a la antillana

Soja:
- Soja troceada y fideos de arroz
- Soja con verduras salteadas y arroz perfumado

Guisantes secos:
- Potaje de guisantes secos y arroz redondo

Productos lácteos: llenar el depósito de calcio

Consumidos con regularidad, los productos lácteos nos permiten cubrir las necesidades de calcio que tiene nuestro organismo.

Pero los vegetales son la segunda fuente alimentaria de calcio, aportando el 20 % de nuestras necesidades.

Las legumbres, al estar muy deshidratadas, son ricas en este mineral.

Combinar productos lácteos y legumbres en la misma comida o en un mismo plato permite potenciar este aporte.

Esta combinación está destinada especialmente a los adolescentes, mujeres embarazadas y en la etapa de la menopausia, cuyas necesidades de calcio suelen ser a veces muy difíciles de cubrir.

SUGERENCIAS

- Ensalada de lentejas o judías rojas y blancas enriquecida con dados de feta, queso tipo gruyère o mozzarella;
- Potaje de lentejas o habichuelas salpimentado con parmesano rallado o emmental, o enriquecido con leche;
- Los gratinados con bechamel y queso se pueden realizar con judías, ya que las demás leguminosas están menos indicadas para esto. Añada verduras frescas para aligerar el conjunto: trocitos de tomate o de zanahoria, por ejemplo.

Carnes: sacar mayor provecho del hierro de las legumbres

Si la combinación de carne y leguminosas no es en ningún caso indispensable, sí tiene dos puntos de interés importantes. El primero es de carácter culinario. La tradición combina la carne con las legumbres: los cocidos, la fabada, las judías con cordero... Es cierto que la carne da un sabor muy particular a esos platos. Es mejor comer de vez en cuando un plato completo que eliminar las leguminosas de la dieta, porque se consideren sosas y poco atractivas. El sentido común nos hará limitar la cantidad de carne y aumentar la de legumbres para lograr un plato más equilibrado. Menos lípidos, pero más glúcidos complejos y un reparto ideal entre las proteínas animales y vegetales.

Servir carne y legumbres en una misma comida permite optimizar la asimilación del hierro contenido en las leguminosas. Una pequeña cantidad de proteínas animales basta para mejorar la biodisponibilidad. ¡Así se unen el sentido común y la nutrición y el sabor! Las combinaciones carne-legumbres son tan numerosas y conocidas que no citaremos ningún ejemplo. Sólo una sugerencia, para cambiar y aligerar: servir las aves (codorniz, pintada, pollo o pavo) con judías, lentejas o garbanzos. ¡Es delicioso y equilibrado!

LAS LEGUMBRES Y LOS FRUTOS SECOS

Pescados y huevos: atreverse a ser originales

La tradición culinaria española no suele combinar el pescado o los huevos con las legumbres. Sin embargo, esto permite lograr platos muy equilibrados en lípidos, ya que los pescados los contienen en forma poliinsaturada, y los huevos tienen fosfolípidos. Al igual que con la carne, la asimilación del hierro de las legumbres mejoraría con la presencia de las proteínas animales del pescado o de los huevos.

Los pescados ahumados, cuyo sabor está bastante próximo al de los embutidos, casan bien con las legumbres. Se trata de la combinación menos desconcertante para nuestros paladares.

SUGERENCIAS

- Ensalada tibia de lentejas al salmón ahumado o fresco, con gambas o vieiras;
- Judías blancas con pescados blancos: bacalao, rape...;
- Garbanzos y vieiras, gambas, cangrejo;
- Tortilla de lentejas o garbanzos, huevos *cocotte*, huevos pochos acompañados de lentejas, judías, guisantes secos.

Verduras: un clásico culinario

Las judías verdes y las pochas son combinaciones muy habituales, pero todas las mezclas pueden reinventarse, según su fantasía y la temporada.

Añadir verduras frescas permite aligerar el acompañamiento: las legumbres cocidas aportan 100 kcal por 100 g de media, mientras que las verduras aportan sólo 20 kcal por 100 g. Consumiendo un poco de las dos, se divide casi por la mitad el

LAS COMBINACIONES NUTRICIONALES

aporte calórico del plato. Por otra parte, será menor la cantidad de fibras y glúcidos fermentables. La tolerancia digestiva es mejor cuando ambas se combinan.

SUGERENCIAS

Encontrará más adelante algunas sugerencias de combinaciones, ya sea en ensalada o a base de legumbres cocidas.

Ensaladas:
- Judías pintas: tomates, pepinos, pimiento, aguacate, pomelos
- Lentejas: apio, hinojo, ensalada verde, manzanas, tomates, rábano negro
- Judías blancas: apio, tomates, aguacate, rábanos
- Garbanzos: cebolla, tomate, pimiento, fondos de alcachofa, rábanos rosas

Legumbres cocidas: añada dos o tres cucharadas de legumbres cocidas en las paellas de verduras; casan muy fácilmente

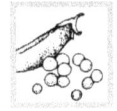

Las diferentes legumbres

Garbanzos

Composición media

Por 100 g, según la tabla de composición del CIQUAL (centro informático francés sobre la calidad de los alimentos), edición de 1995 (valores redondeados):

Garbanzos frescos cocidos
— energía: 135 kcal;
— proteínas: 9 g;
— lípidos: 2,5 g;
— glúcidos: 19 g;
— fibras: 9 g;
— sodio: 6 mg;
— potasio: 335 mg;
— calcio: 55 mg;
— magnesio: 50 mg;
— hierro: 3 mg;
— vitamina B_1: 0,13 mg;
— vitamina B_2: 0,06 mg;
— vitamina B_3 (niacina): 0,6 mg;
— vitamina B_9: 100 µg.

LAS DIFERENTES LEGUMBRES

Variedades y presentación

Cultivados desde hace miles de años en la cuenca mediterránea, los garbanzos están presentes también en la India. Su nombre en latín era *cicer* («garbanzo»).

En general, se suelen encontrar distintas variedades, como los garbanzos castellanos, cuyo cultivo es el más extendido, los blancos lechosos de Andalucía y Extremadura y los Pedrosillanos, más pequeños.

Los garbanzos secos necesitan una cocción larga y un remojo previo obligatorio. Úselos de ese modo sólo si tiene tiempo y ganas de realizar una receta oriental, por ejemplo. Para su utilización «corriente» y rápida, las conservas son la mejor solución: los garbanzos están cocidos al punto y basta sazonarlos al gusto.

Los garbanzos son baratos; le aconsejamos que escoja la «gama alta», ya que algunas conservas se realizan con garbanzos de mala calidad: demasiado pequeños, demasiado viejos, correosos y sin sabor. Sea siempre fiel a las marcas que han superado las pruebas.

Sus propiedades

La originalidad de los garbanzos es que contienen una pequeña fracción de lípidos (3 g por 100 g) y de vitaminas liposolubles: vitamina E y carotenos.

Ligeramente más energéticos que las demás leguminosas, están bien provistos de glúcidos complejos (20 g en lugar de 13 a 15 g de media en las demás). Pero se consumen más como ingrediente complementario que como base de recetas: el aporte energético es secundario.

Ricos en fibras, tienen una alta concentración de minerales; contienen magnesio, hierro y calcio. Para que sean más digestivos, se puede quitar, tras su cocción, la película espesa que los envuelve, con lo que se obtiene un sabor mucho más fino.

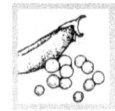 **LAS LEGUMBRES Y LOS FRUTOS SECOS**

Cómo prepararlos

Tras la cocción, o tras abrir la lata o el bote, escúrralos e intégrelos en las ensaladas mixtas, los cocidos, los potajes, la sémola y algunos platos con salsa. Se mantienen muy bien en la cocción, y se pueden añadir a la mitad de esta para que se impregnen de otros ingredientes: pollo, col a la brasa, parrillada de verduras...

Reducidos a puré con ajo y aceite de oliva *(houmous)*, combinan con pan tostado (buena complementariedad proteínica) y con crudités (aumentan la biodisponibilidad del hierro).

LAS DIFERENTES LEGUMBRES

Guisantes secos

Composición media

Por 100 g, según la tabla de composición del CIQUAL, edición de 1995 (valores redondeados):

Guisantes cocidos
— energía: 110 kcal;
— proteínas: 8 g;
— lípidos: 0,5 g;
— glúcidos: 20 g;
— fibras: 4 g;
— sodio: 2 mg;
— potasio: 315 mg;
— calcio: 10 mg;
— magnesio: 30 mg;
— hierro: 1,5 mg;
— vitamina B_1: 0,15 mg;
— vitamina B_2: 0,06 mg;
— vitamina B_3 (niacina): 0,95 mg;
— vitamina B_9: 65 µg.

Variedades y presentación

Los guisantes secos son guisantes cosechados en plena madurez, primero secados y luego sin su envoltorio externo. Se consumen poco y hay poca oferta en el mercado. Compruebe sobre todo el año de cosecha (si está indicado en el envase) y la fecha de caducidad (que debe aparecer siempre), ya que los guisantes secos que ya no están protegidos por su envoltorio celular son bastante frágiles.

53

 **LAS LEGUMBRES Y LOS FRUTOS SECOS**

Sus propiedades

Menos ricos en fibras que las demás legumbres, se toleran bien durante la digestión. Si los consume como puré, tritúrelos para que las enzimas de la saliva empiecen el trabajo de hidrólisis del almidón. Los guisantes secos, al no tener el envoltorio externo, son menos ricos en minerales y en vitaminas que las demás legumbres, pero su contenido sigue siendo importante.

Su sabor es suave (como el de los guisantes) y su textura «sin piel» agrada a los niños: no dude en preparárselos con regularidad, alternándolos con puré de patatas.

Cómo prepararlos

Cocidos en un agua aromatizada con cebolla, tomillo, laurel y trocitos de zanahoria, se mezclan luego en puré o en potaje. Es muy clásico acompañarlos de panceta o jamón, pero todas las carnes están indicadas con los guisantes secos, al igual que los pescados ahumados, que ponen de relieve su suavidad.

LAS DIFERENTES LEGUMBRES

Habas

Composición media

Por 100 g, según la tabla de composición del CIQUAL, edición de 1995 (valores redondeados):

Habas frescas cocidas
— energía: 58 kcal;
— proteínas: 6 g;
— lípidos: 0,5 g;
— glúcidos: 7,2 g;
— fibras: 6,5 g;
— sodio: 4 mg;
— potasio: 210 mg;
— calcio: 25 mg;
— magnesio: 20 mg;
— hierro: 1 mg;
— vitamina B_1: 0,05 mg;
— vitamina B_2: 0,07 mg;
— vitamina B_3 (niacina): 2 mg;
— vitamina B_9: 57 µg.

Variedades y presentación

Las habas son conocidas desde hace mucho tiempo en la cuenca mediterránea.

Pitágoras las consideraba un veneno y se autoprohibió su consumo, y lo prohibió a sus discípulos.

En verano se encuentran habas frescas, periodo que sus forofos no deben olvidar bajo ningún pretexto, porque las habas tienen entonces un sabor muy particular.

LAS LEGUMBRES Y LOS FRUTOS SECOS

Durante el resto del año, se encuentran habas secas, que es preciso rehidratar y cocer. También están disponibles en conserva: se pueden consumir tal cual o calientes.

Sus propiedades

Frescas, las habas tienen un perfil nutritivo próximo al de las verduras: aporte energético modesto y presencia de vitamina C.

Secas, se acercan a las demás legumbres. Ricas en glúcidos complejos, aportan minerales (hierro, calcio, magnesio), así como vitaminas del grupo B.

Cómo prepararlas

Muy jóvenes y recogidas hace poco, pueden consumirse crudas; pero, al igual que todas las leguminosas, contienen sustancias antinutricionales: la cocción neutralizará la mayoría. Las habas frescas o secas se preparan como las demás leguminosas: cocidas con agua y sin sal, para evitar que se endurezcan.

Se consumen también al natural, aliñadas con aceite de oliva, tras eliminar la película que las envuelve.

También pueden mezclarse con vegetales de verano (tomates, pepinos, berenjenas, pimientos) cuyos sabores se asocian bien entre sí, o con menta, limón, pimienta negra y aceite de oliva.

LAS DIFERENTES LEGUMBRES

Judías

Composición media

Por 100 g, según la tabla de composición del CIQUAL, edición de 1995 (valores redondeados):

Judías cocidas
— energía: 90 kcal;
— proteínas: 8 g;
— lípidos: 0,5 g;
— glúcidos: 14 g;
— fibras: 9 g;
— sodio: 3 mg;
— potasio: 420 mg;
— calcio: 65 mg;
— magnesio: 50 mg;
— hierro: 2,5 mg;
— vitamina B_1: 0,16 mg;
— vitamina B_2: 0,06 mg;
— vitamina B_3 (niacina): 0,5 mg;
— vitamina B_9: 75 µg.

Judías crudas (todas las variedades)
— energía: 265 kcal;
— proteínas: 21 g;
— lípidos: 1 g;
— glúcidos: 41,4 g;
— fibras: 18 g;
— sodio: 15 mg;
— potasio: 1.450 mg;
— calcio: 165 mg;

LAS LEGUMBRES Y LOS FRUTOS SECOS

— magnesio: 180 mg;
— hierro: 7 mg;
— vitamina B_1: 0,5 mg;
— vitamina B_2: 0,16 mg;
— vitamina B_3 (niacina): 2 mg;
— vitamina B_9: 300 µg.

Variedades y presentación

Las judías son originarias de América central. No aparecieron en Europa hasta el descubrimiento del Nuevo Mundo. Sustituyeron los nabos y otras raíces en algunas recetas mezcladas (fabada o judías con cordero), que existían antes de su llegada.

Como hay una gran variedad de judías, citaremos sólo las más utilizadas y, aunque sus propiedades nutritivas y culinarias son similares, sus calibres varían.

Las *habichuelas* son de pequeño calibre, y se pueden encontrar frescas, durante la temporada. Su pulpa no es harinosa y aguantan bien la cocción.

Las *judías pintas* son más grandes y tienen una piel bastante espesa. Su textura es específica: una piel que resiste al morderla, pero una pulpa muy tierna. Deben estar perfectamente cocidas para ser apreciadas en su justo valor.

Las *judías blancas*, de las que existen distintos tipos (carrilla, de La Granja, riñón, de manteca, pochas, verdina…), son tiernas y perfectas para los platos mezclados, a los que dan una suavidad muy agradable.

Por último, las *judías negras* se utilizan en América del Sur para preparar la *feijoada* (especie de fabada).

Sus propiedades

Las judías, ricas en fibras y en glúcidos fermentables, estimulan los intestinos perezosos. Pero muchas personas, con el colon sen-

LAS DIFERENTES LEGUMBRES

sible, no las toleran bien, ya que crean un verdadero trastorno interno.

Para digerirlas con más facilidad, hay que consumir poca cantidad: una cucharada sopera de judías, acompañada de verduras tiernas (judías verdes extrafinas, por ejemplo), no provoca molestias digestivas. La cocción debe ser perfecta: cuanto más hidratado y cocido esté el almidón, más fácil será hidrolizarlo durante la digestión.

Son una buena fuente de proteínas que es preciso completar con proteínas animales o cereales para mejorar su calidad. Disminuyen la concentración de colesterol. Se recomienda consumirlas regularmente, cocinándolas con materias grasas insaturadas, para prevenir las enfermedades cardiovasculares (arteritis, arteriosclerosis, infarto de miocardio...).

Cómo prepararlas

Se aconseja que se pongan en remojo, aunque no es obligatorio si se tiene prisa.

La rehidratación permite acortar la cocción y mejorar la digestibilidad y, por otra parte, eliminar algunos compuestos tóxicos (antitríptico).

Si las cuece sin remojar, es preferible proceder en dos tiempos: una precocción con agua durante diez minutos y luego escurrirlas; después, continúe la cocción cambiando el agua. Añada, en esta segunda agua, las hierbas aromáticas y el resto de ingredientes. Prepare luego las judías en potaje, templadas con una vinagreta, o también en forma de puré. La preparación que mejor les conviene es la cocción lenta: añada tomate, hierbas aromáticas y una pequeña cantidad de carne y «olvide» la olla a fuego muy suave. La cocción es un poco larga, pero no necesita que la vigile, y da siempre buenos resultados.

LAS LEGUMBRES Y LOS FRUTOS SECOS

Lentejas

Composición media

Por 100 g, según la tabla de composición del CIQUAL, edición de 1995 (valores redondeados):

Lentejas cocidas
— energía: 90 kcal;
— proteínas: 8 g;
— lípidos: 1 g;
— glúcidos: 13 g;
— fibras: 8 g;
— sodio: 3 mg;
— potasio: 275 mg;
— calcio: 20 mg;
— magnesio: 30 mg;
— hierro: 3 mg;
— vitamina B_1: 0,13 mg;
— vitamina B_2: 0,07 mg;
— vitamina B_3 (niacina): 0,6 mg;
— vitamina B_9: 60 µg.

Lentejas crudas, secas
— energía: 315 kcal;
— proteínas: 24 g;
— lípidos: 1 g;
— glúcidos: 50 g;
— fibras: 11 g;
— sodio: 24 mg;
— potasio: 700 mg;
— calcio: 50 mg;

LAS DIFERENTES LEGUMBRES

— magnesio: 100 mg;
— hierro: 8 mg;
— vitamina B_1: 0,5 mg;
— vitamina B_2: 0,25 mg;
— vitamina B_3 (niacina): 2,2 mg;
— vitamina B_9: 200 µg.

Variedades y presentación

Las lentejas son originarias de la cuenca mediterránea: ya eran conocidas y cultivadas en Egipto y en el Líbano actual varios miles de años antes de Jesucristo.

Entre ellas destaca la pardina, cultivada en Castilla y León, y que se beneficia de un clima y de un suelo muy aptos para su cultivo. Su sabor, su color y su textura la convierten en un alimento de gran valor. Su precio es más elevado que el de otras variedades, pero sigue siendo muy asequible, ya que todas son muy baratas.

Las lentejas más corrientes son pequeñas y de color verde pardo. Las rubias, de calibre superior, son más harinosas, y su sabor es menos fino. Están muy indicadas para potajes, purés o mezclas, como plato único con cereales y verduras. Dan a los preparados un color más atractivo que las verdinas o pardinas.

Las naranjas, más raras, son de pequeño calibre y a veces se venden sin su película exterior. Se preparan como las demás variedades y dan un color particular a los platos. Se utilizan en la cocina india y pakistaní.

Sus propiedades

Se trata de las legumbres mejor toleradas: quizá porque son menos ricas en fibras celulosas y contienen menos glúcidos no asimilables que fermentan en el colon.

Es la indicada para todas aquellas personas sensibles o cuya digestión es difícil (niños, personas con colon irritable, mujeres

LAS LEGUMBRES Y LOS FRUTOS SECOS

embarazadas, personas mayores…): ¡una manera de reconciliarse con las legumbres!

Las lentejas son una excelente fuente de hierro, sobre todo si se asocia con el cinc y un buen aporte de vitamina B_9. Estas tres sustancias están implicadas en la lucha contra la anemia y actúan en una sinergia eficaz. Las lentejas están indicadas para las mujeres cuyas reservas de hierro son débiles. Las mujeres, en efecto, suelen padecer anemia, ya que sus necesidades de hierro son muy elevadas (embarazos, pérdidas de sangre durante la menstruación), y su alimentación suele ser pobre en micronutrientes.

Para mejorar la biodisponibilidad del hierro de las lentejas, puede servir, durante la misma comida, crudités y una pequeña cantidad de carne o pescado.

Cómo prepararlas

No es necesario remojar las lentejas antes de cocerlas, aunque esto acorta su preparación. Incluso sin el remojo, el tiempo de cocción es breve: de 15 a 25 minutos con cocción tradicional con agua, y ocho minutos en la olla a presión. Este tipo de cocción es difícil de dominar, y las lentejas salen perjudicadas: como si fueran puré o reventadas. Es aconsejable reservar este tipo de cocción para la preparación de los potajes, donde ganará tiempo.

Las lentejas se prestan a todas las fantasías: sopas, ensaladas, legumbres de acompañamiento, puré… Se combinan con todos los alimentos: cerdo y ave, pero también carne roja y pescado, crustáceos, huevos, vegetales, cereales (pastas, trigo…), patatas… Con las lentejas, todo es posible. ¡Sea creativo!

LAS DIFERENTES LEGUMBRES

Soja

Composición media

Por 100 g, según la tabla de composición del CIQUAL, edición de 1995 (valores redondeados):

Semillas de soja cocidas
— energía: 170 kcal;
— proteínas: 14 g;
— lípidos: 7 g;
— glúcidos: 13 g;
— fibras: 2 g;
— sodio: 2 mg;
— potasio: 740 mg;
— calcio: 110 mg;
— magnesio: 100 mg;
— hierro: 3 mg;

Variedades y presentación

La soja es conocida, y sin duda cultivada, desde hace milenios en Asia. Se consume en múltiples formas derivadas: semillas brutas, zumo de soja, soja fermentada, salsa de soja... Existen muchas variedades de soja: siempre de tamaño pequeño, las más corrientes son amarillas o negras.

Las judías de soja necesitan una cocción prolongada, y es deseable que hayan estado en remojo.

La soja es la leguminosa más rica en elementos antinutricionales. Se preferirán sus derivados fermentados o refinados, cuyas técnicas permiten eliminar o neutralizar esas sustancias. El zumo de soja fermentado (tofu), el miso (condimento a base de soja) o la salsa de soja, preparados tradicionales asiáticos, apor-

63

LAS LEGUMBRES Y LOS FRUTOS SECOS

tan las proteínas y los micronutrientes de la soja, pero están desprovistos de sustancias perjudiciales. Se pueden utilizar con regularidad, ya que son buenos complementos nutritivos.

Sus propiedades

La soja, además de su elevado contenido de proteínas, se distingue por un aporte importante de lípidos. Son poliinsaturados y beneficiosos para nuestra salud. Esos lípidos no están siempre presentes en los derivados de la soja, que a menudo se encuentran «desaceitados». En cambio, las semillas consumidas enteras los contienen siempre. La soja es particularmente rica en calcio y en magnesio. La eficacia de esos minerales es mayor porque la soja contiene fitosteoles, sustancias vegetales naturales que favorecen su fijación y su retención por el organismo. La presencia de esos compuestos podría explicar, al menos en parte, la menor incidencia de la osteoporosis en Asia.

La soja está implicada en la prevención de enfermedades cardiovasculares, pues su consumo hace disminuir el colesterol sanguíneo. Por último, las proteínas de la soja son particularmente interesantes, ya que contienen todos los aminoácidos esenciales y son los que menos carecen de metionina. La soja suple pues los regímenes pobres en proteínas animales, ya que completa las proteínas de los cereales y leguminosas.

Cómo prepararla

Escoja semillas pequeñas de soja negra. Remójelas durante una noche, tire el agua, y luego cuézalas como si fueran judías (con agua aromatizada y sin sal). Añádalas en pequeña cantidad en la carne con salsa, los potajes, o las ensaladas mixtas.

Los derivados de la soja ofrecen más posibilidades en el plano culinario: el zumo de soja se utiliza en la cocina como la leche (salsas, cremas, entremeses...); el zumo de soja fermentado (tofu) se solidifica y se cocina como si fuera carne (salteado, con salsa).

Segunda parte

LA FRUTA SECA

¿A qué llamamos fruta seca?

La fruta seca o fruta deshidratada consiste en frutas frescas (albaricoque, plátano, ciruela…) que han experimentado una deshidratación, es decir, una pérdida de su contenido natural de agua. Antaño, muchas frutas estaban disponibles de este modo para poder almacenarlas y beneficiarse de sus propiedades durante varios meses. Hoy en día se encuentran sólo cinco o seis variedades de fruta seca, y su consumo es bastante bajo, lo que es una lástima, ya que se trata de verdaderos concentrados de micronutrientes.

Trataremos los frutos oleaginosos (nuez, avellana, almendra…) en otro capítulo, ya que sus características dietéticas son muy diferentes. La fruta seca es sobre todo rica en glúcidos y en minerales, mientras que en los oleaginosos predominan los lípidos. La fruta seca y los oleaginosos son dos tipos de alimentos concentrados en energía y micronutrientes.

Interés nutricional

Energía: alimentos concentrados

Si la fruta fresca contiene de media un 80 % de agua, la fruta seca, al haber sufrido una desecación o deshidratación, no contiene más del 20 al 25 %. Por ello su concentración energética aumenta: el aporte energético de la fruta fresca pasa de 55 kcal por 100 g a 280 kcal, siempre por 100 g, tras su deshidratación.

Una ración de fruta seca, consumida al natural, es de unos 25 g, o sea, 70 kcal. Este aporte energético, aunque importante, debe ser matizado, ya que es raro consumir más de 50 g de fruta seca al día. Aunque la fruta seca es un alimento rico en calorías, las cantidades consumidas están lejos de favorecer una sobrecarga energética importante. Esta concentración aporta un volumen reducido de energía: 30 g de fruta seca (4 ciruelas pasas) son equivalentes, en energía, a una manzana pequeña de 150 g.

Las personas que comen menos (niños, personas mayores) o las que tienen necesidades energéticas muy elevadas (deportistas, adolescentes) deben consumir fruta seca en su propio interés.

No satura y es muy nutritiva.

Cuando se añade fruta seca a una ensalada mixta o un plato de carne, debe calcularse de 15 a 20 g por persona, lo que sólo proporciona a la receta de 40 a 55 kcal. Estas cantidades siguen siendo muy moderadas.

INTERÉS NUTRICIONAL

Glúcidos: ¿lentos o rápidos?

El contenido de glúcidos de la fruta seca es elevado: 65 g por 100 g.

Eso significa de tres a cuatro veces más que la fruta fresca, y la sitúa entre los alimentos más ricos en glúcidos.

Los glúcidos que contiene la fruta seca son simples: fructosa, glucosa y sacarosa.

Sin embargo, se asimilan muy lentamente, como los glúcidos de la mayor parte de fruta fresca. La fruta seca aporta energía cuya utilización es lenta y progresiva. En consecuencia no provoca una importante elevación de la glucemia, ni hipoglucemia reactiva. Este tipo de aporte energético es fundamental para algunas personas.

Para los deportistas, la distribución progresiva de la energía permite mantener el mismo ritmo durante un esfuerzo prolongado (carreras, ciclismo…), con la misma potencia y un cansancio menor.

La fruta seca no conlleva elevación repentina de la glucemia y se adapta a los diabéticos, con la condición de que se contabilice en el aporte glucídico diario. Por último, por su efecto saciante prolongado, está indicada en las personas con sobrepeso, al evitarles los vacíos de estómago entre las comidas y los tentempiés.

La fruta seca contiene además glúcidos específicos (los azúcares-alcohol), entre los que se encuentra el sorbitol, el más importante cuantitativamente, con un poder laxante reconocido. El sorbitol se asimila en pequeña cantidad en el intestino y estimula las secreciones gástricas y la motilidad intestinal. Su presencia refuerza el efecto de las fibras, otorgando a la fruta seca poder laxante.

Por otra parte, esta concentración de glúcidos puede provocar la llegada de agua al intestino durante la digestión, y comportar, en algunas personas, una aceleración muy fuerte del tránsito intestinal. Para evitarlo, se debe consumir poca fruta seca y siempre entre comidas, lo que contribuye a equilibrar la concentración de azúcar.

LAS LEGUMBRES Y LOS FRUTOS SECOS

Proteínas y lípidos: prácticamente inexistentes

En la fruta fresca, el contenido de proteínas y de lípidos es insignificante. En la fruta seca es superior, debido al fenómeno de la concentración. Sin embargo, estos dos nutrientes siguen siendo secundarios en su papel nutritivo.

El contenido de proteínas de la fruta seca se eleva de media a 2,5 g por 100 g (o sea 0,5 g en una ración de 25 g), mientras que nuestras necesidades diarias oscilan entre 60 y 80 g al día. Este aporte es insignificante.

La tasa de lípidos es todavía menor (menos de 1 g por 100 g), pero permite la presencia de vitaminas liposolubles, como los carotenos o la vitamina E.

Vitaminas: una concentración selectiva

La deshidratación tiene dos consecuencias desde el punto de vista de las vitaminas. La vitamina C, frágil, es destruida cuando entra en contacto con el oxígeno del aire, durante el secado. La fruta seca no puede en ningún caso sustituir a la fruta fresca, única fuente, junto con las verduras, de vitamina C.

Los carotenos, más resistentes a esos tratamientos térmicos, se concentran y llegan a alcanzar índices muy elevados. La fruta más rica es el albaricoque (4.700 μg por 100 g), pero la ciruela (450 μg por 100 g) constituye también una buena fuente de carotenos. Las otras frutas secas contienen menos. Los carotenos son pigmentos antioxidantes que protegen las células del envejecimiento prematuro. Neutralizan los radicales libres, las sustancias hiperreactivas que dañan las estructuras celulares.

Los radicales libres son producidos por el metabolismo celular normal, pero su concentración puede aumentarse en caso de exposición a la contaminación o al sol. Consumir albaricoques secos y ciruelas pasas permite afrontar este incremento de sustancias nocivas en algunos periodos del año.

INTERÉS NUTRICIONAL

La fruta seca contiene una cantidad más modesta de vitamina E, pero esta presencia (2 a 4 mg por 100 g) contribuye a cubrir nuestras necesidades, que son de 12 mg diarios.

Las vitaminas del grupo B también están presentes, en cantidad muy baja, salvo la niacina (vitamina B_3), indispensable para el desarrollo del metabolismo energético, y la vitamina B_9, antianémica.

Minerales: una densidad fuera de lo común

La propiedad esencial de la fruta seca es su elevado contenido de minerales.

En la fruta fresca ya es importante, pero se multiplica por cuatro en la fruta seca. Esta concentración la hace remineralizante, una cualidad primordial que permite reducir los déficit de nuestra alimentación moderna.

Consumimos muchos alimentos refinados (harina blanca, pan blanco...) y la cobertura de micronutrientes de nuestras necesidades está lejos de ser la deseada. También consumida con regularidad, incluso en pequeña cantidad, la fruta seca puede considerarse como un verdadero complemento alimentario, al igual que la levadura de cerveza, las algas o el germen de trigo.

El principal constituyente mineral es el potasio, cuyo aporte medio a través de la fruta seca es de 1.000 mg por 100 g, lo que es muy elevado. El potasio es diurético, ya que es un antagonista del sodio, y su efecto está marcado cuando se consume fruta seca. Evita la retención de agua y favorece, a largo plazo, una buena regulación de la presión arterial. Debido a su elevado contenido de potasio, la fruta seca se prohíbe a algunos enfermos con enfermedades cardiacas o renales severas. Para estos, el exceso de potasio puede ser fatal, y sería peligroso consumir estos alimentos.

Calcio, magnesio y fósforo también están presentes: son necesarios para el crecimiento y el mantenimiento de los huesos. El magnesio y el calcio tienen además un papel importante para los sistemas neuromuscular y nervioso. Para sacar

LAS LEGUMBRES Y LOS FRUTOS SECOS

un provecho real, se aconseja un consumo regular; aunque las cantidades aportadas parezcan bastante débiles (10 a 20 mg de calcio o de magnesio por ración), completan el resto de aportes alimentarios.

La fruta seca contiene también hierro, cuya eficacia biológica se ve reforzada por la presencia de cobre y cinc, también implicados en la síntesis de los glóbulos rojos. El hierro es difícil de asimilar.

Como en el caso del hierro de las leguminosas, su asimilación mejoraría con la presencia de vitamina C y de proteínas animales durante la comida.

La rehidratación de la fruta seca con líquido (agua fría o templada) conlleva una pequeña pérdida mineral.

Para limitar sus consecuencias, evite los líquidos templados o calientes que favorezcan las pérdidas minerales y vitamínicas, y prefiera agua fría: cubra las frutas con muy poco líquido para no disminuir en exceso su riqueza nutricional.

Fibras: suaves y eficaces

Las fibras de las frutas son muy suaves: están constituidas por pectinas, hemicelulosa, en una proporción que varía según la fruta.

El índice de fibras es alto en la fruta seca: alrededor de 8 g por 100 g de media. Una ración de 30 g aporta 2,5 g. Es una cantidad modesta, si se compara con los 25 g que necesitamos cada día. Pero, al igual que para el aporte mineral, las fibras de la fruta seca constituyen un pequeño complemento que se suma al resto de la alimentación. Las fibras contenidas en la fruta seca no son irritantes: la desecación las hace más tiernas, al igual que la cocción. Las fibras suaves son beneficiosas para la ecología de la flora cólica. Fijan el agua en el tubo digestivo, favorecen una buena hidratación de las heces, que aumentan su volumen. Este incremento del volumen de las heces estimula los músculos de la pared intestinal y el tránsito es más rápido. Una pequeña parte de las fibras es asimilada, pero la mayoría llega al colon, donde

INTERÉS NUTRICIONAL

será atacada por las bacterias. Las fibras de la fruta seca son muy bien toleradas y no provocan ninguna molestia digestiva (hinchazón, espasmos).

Asociadas al sorbitol, tienen un efecto laxante marcado, pero sin ser irritante.

La fruta seca también tiene un efecto beneficioso en el índice de colesterol y la regulación glucémica, gracias a la presencia de pectinas. Estas fibras, que forman un gel viscoso que se hidrata durante la digestión, disminuyen la asimilación de glucosa y lípidos y favorecen la excreción fecal del colesterol.

CONSEJOS EN CASO DE ESTREÑIMIENTO

- Añada un poco de fruta seca a sus cereales del desayuno o unte el pan con mermelada de fruta seca, hecha en casa.
- Por la mañana, consuma un poco de fruta seca (20 g).
- Por la tarde, consuma 20 g más de fruta seca.
- Beba abundantemente a lo largo de todo el día.
- Varíe la fruta seca, ya que no toda tiene el mismo efecto, y porque, a la larga, es menos eficaz.
- Añada a sus postres y platos salados fruta seca. Eso aumentará más su aporte de fibras.

La fruta seca en la alimentación: un complemento que no debe despreciarse

La fruta seca quizá le parezca un alimento un poco marginal, que se consume puntualmente, y que no puede tener una repercusión real en nuestro equilibrio alimentario. Es cierto que la mayoría de españoles consumen sólo algunas pasas escondidas en un pastel o una salsa… Pero es una lástima, ya que estas golosinas podrían mejorar nuestro equilibrio alimentario y limitar el

LAS LEGUMBRES Y LOS FRUTOS SECOS

uso de preparados médicos que nunca son equivalentes a los alimentos naturales.

SUGERENCIAS

Algunas ideas para consumir más fruta seca:

- En el aperitivo:
— ciruelas pasas envueltas con una fina loncha de panceta, todo tostado;
— dados de gruyère y de albaricoques secos sobre triángulos de pan;
— finas lonchas de higo seco y jamón serrano;
— minibrochetas de plátano seco, queso brie, manzana;
— mezcla de fruta seca y frutos oleaginosos, salados o no;
— dátiles divididos en dos y rellenos de queso de cabra con pimienta.

- Como entrante:
— ensalada mixta con pasas, dados de ciruelas pasas, higos...;
— las verduras que casan con fruta seca son muy numerosas: lechuga, apio, tomate, hinojo, pepino, rábano, aguacate...;
— las pasas son las más fáciles de integrar en los preparados: casan con todo.

- Como primer plato, segundo o plato único:
— con aves y cerdo y todos los preparados con especias (curry, etcétera);
— con verduras y féculas: sémola, pasta, legumbres;
— con pan: pan de pasas, de ciruelas pasas, de dátiles...;
— con queso: disponga la fruta seca variada en la bandeja de quesos para que cada persona tome un poco según su conveniencia.

- En los postres: arroz y sémolas con pasas, macedonias de fruta fresca y seca, compota de fruta seca, tarta de manzana o pera y fruta seca, *cake* y tortas... Se puede añadir a todos los postres.

INTERÉS NUTRICIONAL

La fruta seca es apreciada por todos, ya que su sabor dulce es agradable: sólo debe acordarse de incorporarla a los menús. Cómprala con regularidad: se conserva bastante bien y tenerla a mano es el primer paso para consumir un poco más.

¿Puede ser perjudicial el exceso de fruta seca? No hemos llegado en absoluto a este punto. Lo cierto es que se trata de alimentos muy energéticos que sólo pueden ser beneficiosos integrados en una alimentación variada. Consumir de 30 a 40 g todos los días representa un suplemento en el equilibrio de la alimentación occidental, debido a las carencias actuales existentes, sobre todo en cuanto a minerales y fibras.

Tecnología: del sol al calor de los hornos

En su origen, la deshidratación de la fruta tenía solamente un objetivo: poder conservar los vegetales frágiles, cuyo periodo de cosecha se concentraba sólo en unos meses. La fruta fresca al natural se conserva durante algunas semanas, algunos meses como máximo en algunos casos (manzanas y peras). También era difícil transportarla e intercambiar la fruta fresca por otros alimentos.

La fragilidad de la fruta fresca se debe a su elevado contenido de agua: son el medio ideal para el desarrollo de mohos y bacterias. En pocos días, fermentan y se pudren, lo que las hace inadecuadas para el consumo. La deshidratación, que durante mucho tiempo se realizó de forma natural, al sol, reduce el contenido de agua de las frutas, concentra los glúcidos y hace imposible la proliferación de gérmenes.

La deshidratación natural todavía tiene lugar en algunos países de la cuenca mediterránea, por ejemplo en Turquía, que sigue siendo uno de los principales países productores de fruta seca.

Pero la mayoría de centros de producción están equipados con centros de desecación: la fruta se expone a un flujo de calor suave, que reduce el índice de humedad en algunas horas. La humedad final se determina según el tiempo de conservación deseado y está controlada mediante rigurosos análisis.

Las dos técnicas presentan ventajas: la primera, más «natural», da a la fruta sabores particulares y diferentes de un artesano a otro, o de un año a otro. La segunda da una producción conti-

TECNOLOGÍA: DEL SOL AL CALOR DE LOS HORNOS

nua, y productos siempre idénticos, sin sorpresa. Escoja los que más le gusten.

Tras la deshidratación, la fruta se vende a granel o en bolsas. Algunas frutas se benefician de un envase hermético (paquete o bolsa) en el que se insufla una mezcla de gas inerte, lo que permite detener su evolución natural.

Aditivos: compruebe las etiquetas

La fruta seca artesana no contiene ningún aditivo. Cosechada en plena madurez, se vende luego sin hueso y seca.

Para conservarla, necesita una deshidratación bastante avanzada. En el caso contrario, podría desarrollar mohos, o ser atacada por insectos. Una fuerte deshidratación hace que la fruta seca sea dura y poco agradable de comer: es preciso dejarla en remojo antes de consumirla. La deshidratación industrial es menos agresiva: conserva toda la blandura de la fruta, pero limita su tiempo de conservación.

Para paliar este problema, se autorizan algunos aditivos durante la fabricación de fruta seca. Estos impiden que se ennegrezca y se desarrollen mohos (anhídrido sulfuroso E 220 y de potasio E 202).

La fruta seca, para responder mejor al gusto del consumidor, se vende a veces «parcialmente rehidratada»: su contenido de agua se sitúa en torno al 35 %. Es sabrosa, pero se conserva mal. Después de abrir la bolsa, es obligatorio guardarla en un lugar fresco y consumirla con rapidez.

La reglamentación obliga a que se señale la presencia de aditivos, por lo que hay que leer con cuidado las informaciones indicadas en el envase.

Se pueden añadir otras sustancias naturales: algunos antioxidantes (vitamina C, vitamina E) y algunos aceites vegetales, que evitan la cristalización de glúcidos en superficie y dan un aspecto brillante a la fruta seca.

En cambio, la fruta seca nacida del cultivo biológico no contiene aditivos químicos.

LAS LEGUMBRES Y LOS FRUTOS SECOS

Conservación: limítela al máximo

Hoy en día, se consume fruta seca por placer y no por necesidad; además, está disponible a lo largo de todo el año.

Aunque la fruta seca se conserva varios meses, se aconseja comprarla en pequeñas cantidades, según las propias necesidades. Así será tierna y conservará todo su sabor. Utilice siempre primero la fruta más antigua, para garantizar una buena rotación de la cantidad de la que dispone: eso evita que se deseque, cambie de color y cristalicen glúcidos en la piel que modifican la textura de la fruta.

Consérvela siempre en una caja hermética, al abrigo de la luz, separando las distintas variedades. Algunas, como el plátano, tienen un olor muy pronunciado que puede transmitirse a las demás frutas. Los productos acondicionados en atmósfera controlada se conservan varios meses sin deshidratarse ni evolucionar, siempre que el envase esté intacto. Tras abrirlo, es preferible conservar la fruta en la parte baja del frigorífico y consumirla rápidamente. La fruta seca rehidratada con agua templada (cuidado una vez más con el riesgo de ligera pérdida mineral) se conserva sólo de dos a tres días, en una caja hermética, y en un lugar fresco.

Compra: el sabor como mejor referencia

La fruta seca, a granel o envasada, debe ser... apetitosa: bien coloreada, con un bonito color uniforme y neto. Rechace la fruta sin brillo, manchada o con marcas de insectos. No dude en probar la fruta seca, si tiene esa posibilidad. Ha de ser blanda y tener un sabor bien pronunciado. Deberá ser posible reconocer con los ojos cerrados un trozo de albaricoque, una ciruela pasa o un dátil, incluso si el sabor que predomina es siempre el del azúcar. Cada tipo de fruta tiene una textura específica: muy blanca para la ciruela pasa, granulosa para el higo, más pegajosa en el dátil. Esta textura debe notarse mucho y la pulpa jamás debe estar seca.

TECNOLOGÍA: DEL SOL AL CALOR DE LOS HORNOS

El calibre también es una referencia: la fruta seca debe ser de gran calibre, así será menos seca y más carnosa. En la medida de lo posible, intente comprar fruta seca del año. En otoño se encuentra fruta que acaba de ser cosechada o deshidratada, un verdadero placer. ¡Su sabor es incomparable! Pero no siempre es fácil conseguirla, salvo en las zonas de producción.

Utilización: ¡viva la simplicidad!

La fruta seca se consume al natural: uno o dos albaricoques secos, dos o tres ciruelas pasas, en cualquier momento del día. No necesita cocción o preparación particular. Si le gusta comer la fruta tal cual, sea exigente con la calidad. Debe ser muy tierna y aromática. La fruta seca acompaña el desayuno o la merienda y representa una comida «astuta»: su energía se asocia a una concentración elevada de micronutrientes, indispensables para el buen funcionamiento del organismo. Nada que ver con las calorías «vacías» de los bombones, por ejemplo.

La fruta seca entra también en la composición de muchos platos, tanto salados como dulces. Se añade a las ensaladas mixtas (pasas), en algunos platos (asado de cerdo con ciruelas, pintada con albaricoques) y en los entremeses, las ensaladas de frutas o las compotas, como hemos visto antes.

Una parte del azúcar contenido en la fruta seca pasa al líquido de cocción: si desea un efecto muy «dulce», añada la fruta seca al principio de la cocción. Será muy blanda, ya que se llenará de agua, y el líquido de cocción será muy dulce. Al contrario, póngala justo antes de servir para evitar que endulcen el plato (con la carne o el pescado). Así, un plato de sémola o de trigo triturado con pasas y ciruelas tendrá un sabor muy diferente si le añade la fruta seca al principio o, al contrario, en el momento de servir. El sabor dulce no debe ser demasiado marcado en los platos salados para no desequilibrar su sabor.

Finalmente, se puede servir fruta seca, sola, con los postres. Se rehidrata, en ese caso, con agua templada aromatizada, con té ligero, o se cuece en vino con especias. Se sirve caliente o fría, triturada o entera.

Digestibilidad: cuidado con las fibras

La fruta seca se digiere muy bien y se adapta a todos los miembros de la familia. Sólo su riqueza en fibras puede ser mal soportada por algunas personas sensibles. Lo importante, para que no cause molestias de tránsito intestinal, es consumirla en pequeña cantidad (20 g como máximo) y siempre acompañada de otros alimentos.

Además, su concentración de azúcares puede conllevar irritaciones en las personas que padezcan úlcera o gastritis. En ese caso, debe consumirse con prudencia, comprobando siempre la tolerancia individual. Pero, de forma general, la fruta seca se digiere bien.

La fruta seca y los distintos regímenes

Régimen hipocalórico: ¿por qué prohibirla?

La finalidad principal del régimen hipoenergético es disminuir el aporte energético (o calórico) para crear un déficit y provocar que el organismo utilice las reservas de grasa, situadas en el tejido adiposo. La fruta seca, que concentra mucha energía, se excluye de estos regímenes.

De hecho, es preciso distinguir dos casos diferentes: los regímenes estrictos, que aportan de 1.000 a 1.200 kcal al día, y los *regímenes más amplios*, cuyo aporte energético se sitúa alrededor de las 1.300 kcal al día.

En los primeros, debe darse prioridad al aporte proteínico y la parte de glúcidos y lípidos debe ser muy reducida, con el fin de limitar los problemas musculares. La fruta seca no tiene sitio en ese caso. Su perfil nutritivo no se corresponde con lo que se busca: está desprovista de proteínas y es muy rica en glúcidos.

En cambio, en un régimen más amplio, en el que el aporte de glúcidos no es tan reducido, es una lástima privarse de fruta seca. Aporta carotenos, vitaminas del grupo B y minerales, que pueden contribuir a equilibrar estos regímenes. Es necesario tener en cuenta su aporte energético y contabilizarlo en la ración autorizada. Una ración de 25 g de fruta seca aporta 70 kcal, con una buena cantidad de magnesio (15 mg), de calcio (15 mg) y de hierro (0,7 mg), de carotenos y de fibras. Se integrará en el desayuno o en la merienda.

LA FRUTA SECA Y LOS DISTINTOS REGÍMENES

Pero, cuidado, la fruta seca no puede sustituir a la fruta fresca consumida cruda, ya que esta última es rica en vitamina C. En este tipo de régimen, se puede consumir en pequeña cantidad, sustituyendo a un trocito de pan (30 g), de vez en cuando. Su aporte de fibras es beneficioso, ya que el régimen hipoenergético puede provocar, de forma transitoria, un ligero estreñimiento.

Régimen de las enfermedades cardiovasculares: todo depende de su índice sanguíneo

El exceso de colesterol en la sangre se asocia a un aumento de triglicéridos (un compuesto lipídico presente en la sangre). Si se encuentra en ese caso, la fruta seca no está indicada para mejorar su equilibrio biológico. Corre el riesgo, como todos los alimentos ricos en glúcidos, de favorecer la síntesis de lípidos en el hígado: de ese modo pueden aumentar los triglicéridos. Es preferible que se abstenga de tomar fruta seca. Si padece un exceso de colesterol aislado, la fruta seca no está contraindicada. Consumida en cantidad razonable (de 15 a 25 g) de vez en cuando, es muy beneficiosa. Tiene una gran riqueza en fibras y carotenos, dos elementos que favorecen la prevención de enfermedades cardiovasculares. Las fibras tienen un efecto directo sobre la disminución del índice de colesterol y los carotenos limitan la oxidación de los lípidos circulantes, una etapa clave en el desarrollo de la arteriosclerosis. Su aporte de magnesio es también positivo: la carencia de este elemento es un factor de riesgo en las enfermedades cardiovasculares.

Colitis y gastritis: compruebe su tolerancia

Como hemos dicho, las personas afectadas de úlcera y de gastritis tienen problemas para tolerar la fruta seca, dema-

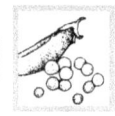

LAS LEGUMBRES Y LOS FRUTOS SECOS

siado irritante para su frágil mucosa. En el colon, la tolerancia es diferente.

En periodo de crisis, la fruta seca, demasiado rica en fibras, debe ser eliminada de los menús. Pero fuera de las épocas de crisis, la fruta seca consumida en pequeña cantidad aporta fibras suaves, beneficiosas para la flora cólica. Se llenan de agua, aumentan el volumen de las heces y de esta forma estimulan el intestino.

Llegan intactas al colon, donde serán metabolizadas por las bacterias de la flora, favoreciendo el desarrollo de colonias de bacterias beneficiosas. Lejos de ser perjudiciales, las fibras, consumidas en cantidad controlada, y bien escogidas, mejoran el funcionamiento del colon.

Evite el higo, bastante irritante, y compruebe su tolerancia con la ciruela pasa y el albaricoque, ricos en fibras.

Diabetes: glúcidos que deben contabilizarse en la ración diaria

Los glúcidos de la fruta seca, incluso si son simples, se asimilan lentamente.

Eso se explica por su riqueza en fructosa, un glúcido que se asimila con lentitud y por la presencia de fibras, que disminuyen la velocidad de asimilación de muchos nutrientes, entre los que se encuentran los glúcidos.

También puede incluirse la fruta seca, en pequeñas cantidades, en un régimen destinado a una persona diabética. Lo importante es contabilizar el aporte de glúcidos y añadirlo a la ración diaria autorizada. Una ración de 25 g de fruta seca (o sea, tres ciruelas pasas o dos orejones) aporta 15 g de glúcidos (el equivalente de 30 g de pan o de una fruta fresca pequeña). Es muy práctica de conservar y transportar, y puede integrarse en cualquier tentempié.

Rica en fibras y en sustancias antioxidantes protectoras, la fruta seca aporta, además de glúcidos, elementos fundamentales, necesarios para el equilibrio de la ración de todos los

LA FRUTA SECA Y LOS DISTINTOS REGÍMENES

enfermos crónicos. Consumida con regularidad, en pequeñas cantidades, favorece un aporte armonioso de compuestos esenciales.

Régimen sin sal: consumir casi sin limitaciones

La fruta seca es bastante pobre en sodio: aporta de media 10 mg por 100 g. Su consumo es compatible con un régimen restringido en sodio.

Una ración de 25 g aporta de 2 a 3 g, lo que, en la práctica, es insignificante. En cambio, su contenido muy elevado de potasio puede ser beneficioso en algunos casos. Algunos regímenes sin sal pueden contener potasio: los destinados a algunas formas de hipertensión arterial.

Para el tratamiento dietético de otras enfermedades (renales), se limita el sodio y el potasio: en ese caso se prohibirá la fruta seca. Es obligatorio seguir la prescripción médica de manera precisa.

Estreñimiento: fibras y sorbitol para un efecto garantizado

Con un aporte de fibras que se sitúa entre los 6 y 15 g por 100 g, la fruta seca es apta para luchar contra el estreñimiento. Será todavía más eficaz si se rehidrata previamente. Las fibras con agua son, en efecto, mucho más activas para aumentar el volumen de las heces y estimular los músculos de la pared intestinal.

No olvide beber en abundancia; esto aumenta, por la misma razón, su eficacia.

Las fruta seca contiene otros compuestos con virtudes laxantes: glúcidos particulares (sorbitol) que no son o son poco asimilados y estimulan las secreciones digestivas, así como la velocidad del tránsito.

LAS LEGUMBRES Y LOS FRUTOS SECOS

En caso de estreñimiento, consuma mucha fruta seca, repartida a lo largo del día: de 10 a 15 g en cada comida (o sea 60 g), lo que representa un aporte energético total de 160 kcal. Las frutas más eficaces son las ciruelas pasas y los higos, en remojo durante la noche con agua templada, endulzada con un poco de miel.

Deportistas: minerales reequilibrantes

Concentrada en glúcidos y minerales, la fruta seca se recomienda a los deportistas.

Se aconseja que se consuma con regularidad, durante los periodos de entrenamiento, pero también durante la competición, ya que permite recargar las reservas de glúcidos y compensar las pérdidas minerales que resultan inevitables durante un esfuerzo físico.

La fruta seca contribuye a cubrir las necesidades de glúcidos, que son muchas en los deportistas. Su volumen reducido no sacia demasiado rápido y tampoco llena el estómago de forma excesiva.

Añadiendo 35 g de fruta seca al desayuno y la merienda, se obtiene un aporte energético de 200 kcal sin modificar el volumen de esas comidas.

Puede consumirse natural o integrada en los entremeses y los pasteles hechos en casa o también mezclada con los cereales del desayuno.

Su aporte mineral se corresponde con el aporte necesario en los deportistas (necesidades acrecentadas en magnesio, calcio y hierro).

El aporte potásico, indispensable para la influencia neuromuscular, permite, además, favorecer el trabajo de los riñones y cubrir las pérdidas debidas al esfuerzo. Son útiles tras el esfuerzo, ya que mejoran las capacidades de recuperación, rentabilizando el equilibrio ácido-básico del plasma. Consumir un puñado (35 g) en las horas siguientes al esfuerzo es una excelente costumbre.

LA FRUTA SECA Y LOS DISTINTOS REGÍMENES

Niños y adolescentes: una golosina... ¡aconsejada por los dietistas!

Para los niños, al igual que para los adolescentes, consumir fruta seca con regularidad y en lugar de otras golosinas menos ricas en micronutrientes sería sin duda algo muy positivo. La fruta seca es energética, pero contiene tal cantidad de sustancias esenciales que no es comparable con los bombones, las galletas o las bebidas azucaradas.

Alimentos completos y naturales, contribuyen a mejorar el equilibrio alimentario de los jóvenes que se encuentran en pleno crecimiento.

Disponga de una cesta de fruta seca variada en la cocina: ¡verá cómo pronto les encantará!

Muchos preparados a base de cereales, para el desayuno, contienen fruta seca: se adaptan bien a las necesidades de los adolescentes.

Además, se puede añadir un poco más de fruta para mejorar su aporte nutritivo y enriquecer el preparado con orejones, plátanos secos, pasas...

Los niños y los adolescentes aprecian, en general, los platos que contienen fruta seca (pastel de arroz) y no protestan si deben consumirla en los platos salados como el *tabulé*, el pollo con ciruelas, el curry de cordero con pasas...: son platos que deben preverse en los menús.

Sólo los más pequeños no deben consumir fruta seca con regularidad: tiene una concentración demasiado alta de minerales, lo que no se adapta a su sistema de eliminación renal todavía inmaduro.

El contenido elevado de fibras y de azúcar de esas frutas puede ser irritante para su aparato digestivo, por lo que deben tomarse precauciones.

Es preferible esperar que el niño tenga dos años para ofrecerle la fruta seca al natural. En cambio se puede dar a los bebés estreñidos compotas que contengan ciruela pasa. Cocida, su efecto irritante se atenúa en buena medida si se añade pulpa de manzana.

LAS LEGUMBRES Y LOS FRUTOS SECOS

Mujeres embarazadas y en periodo de lactancia: una forma sencilla de completar el aporte mineral

Por su riqueza en fibras y minerales, pero también en vitaminas, la fruta seca es básica durante el embarazo. Como a menudo suelen sufrir estreñimiento, las futuras mamás sacarán partido de sus fibras suaves y no irritantes. Se aconseja que se consuman al menos tres veces al día, con el fin de repartir las fibras durante el día. Previamente rehidratada, la fruta seca será todavía más eficaz, y se recomienda beber con abundancia en el momento de consumirla. Sus fibras serán así todavía más estimulantes.

Su aporte de magnesio y de calcio, dos elementos cuyas necesidades son elevadas durante este periodo, contribuye a mejorar su cobertura. Su contenido de azúcar y calorías debe contabilizarse en la dieta diaria cuando se tiene tendencia a ganar peso. En ese caso, es preferible consumir sólo una vez al día (20 g). Por último, los carotenos, de los que la fruta seca es una fuente excelente, son transformados por nuestro organismo en vitamina A, una vitamina indispensable a lo largo del embarazo para el crecimiento del bebé. Contrariamente a la vitamina A, los carotenos no tienen ningún efecto nocivo, incluso en caso de consumo elevado.

Personas mayores: el único consejo es comer más

Las personas mayores tienen poco apetito y la cobertura de sus necesidades de micronutrientes es difícil de realizar. Para optimizar el aporte de minerales y de algunas vitaminas, la fruta seca representa una excelente solución. Muy poco voluminosa, aporta magnesio, calcio y hierro, que contribuyen a evitar estas carencias.

Su contenido de fibras, que estimulan el tránsito intestinal, puede resolver, de forma simple y natural, los problemas de

LA FRUTA SECA Y LOS DISTINTOS REGÍMENES

estreñimiento. Las personas mayores aprecian la fruta seca. Asociada a productos lácteos, mejora el aporte cálcico de la ración, favoreciendo la buena salud de los huesos. El arroz con leche, la sémola de leche, el flan con ciruelas pasas, la tarta con orejones son otros productos fáciles de preparar, poco caros y muy nutritivos.

Vegetarianos: un buen complemento de minerales

Los vegetarianos consumen regularmente fruta seca: se interesan por su equilibrio alimenticio y conocen las virtudes de esos vegetales.

Su principal interés es aportar un complemento de energía glucídico con un pequeño volumen (contrariamente a los cereales o a las leguminosas).

Además, su contenido en minerales y en vitaminas completa el resto de la alimentación. Los carotenos sustituyen a la vitamina A, que sólo está presente en los productos de origen animal, y su aporte de hierro, cinc y cobre sustituye, también, las fuentes animales habituales (carne, pescado). Los vegetarianos deben consumir mucha fruta seca: por placer, pero también para restablecer el equilibrio físico.

Cantidades y frecuencias aconsejadas

La fruta seca es, una vez más, comparable a complementos alimentarios que deberían aparecer con frecuencia en nuestros platos. Lo ideal es consumir una pequeña cantidad todos los días; lo más simple, quizá, sería comer la fruta seca durante el desayuno. Se integra con todo tipo de cereales (copos de avena, copos de maíz tostados o muesli) y puede comerse rápidamente, incluso si tenemos poco tiempo, ya que no necesita ninguna preparación. También se encuentra en el mercado en forma de confitura u otros preparados que puede utilizar a su manera. En el caso de

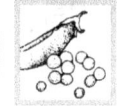

LAS LEGUMBRES Y LOS FRUTOS SECOS

que coma fruta seca de forma puntual, aumente la cantidad. El único «riesgo» es una ligera aceleración del tránsito intestinal, sin ningún peligro.

CANTIDAD ACONSEJADA

Diariamente, si el consumo es regular:

— niños: 20 g;
— adultos: de 30 a 40 g;
— deportistas y adolescentes: de 50 a 60 g.

Las combinaciones nutricionales

Combinar fruta seca con otros alimentos puede mejorar sus propiedades nutritivas: conocer mejor esas interacciones permite sin duda adaptar los menús del mejor modo, según las propias necesidades.

Cereales y sus derivados: un complemento mineral de los cereales blancos

Cada día se consumen más cereales refinados, es decir, aquellos cuya corteza de celulosa ha sido eliminada. Contienen menos fibras, pero pierden, durante ese tratamiento, proteínas, vitaminas y minerales. Si el trigo entero o el arroz completo son buenas fuentes de magnesio, de calcio o de hierro, tras dicho tratamiento su contenido disminuye en un 25 %. Estos microelementos, indispensables para el equilibrio alimentario, son cada vez más raros. La fruta seca, que aporta una gran cantidad, limita este déficit y reequilibra una alimentación «con carencias».

La fruta seca combina muy bien con los cereales en las recetas dulces: sémola con leche y arroz con leche (con pasas, ciruelas pasas), flanes y tarta de cerezas (con ciruelas pasas, orejones, plátanos...). Muchos dulces de inspiración oriental contienen también fruta seca, a veces en cantidad elevada (polvorón o milhojas rellenos de pasas, dátiles o higos). Son energéticos, ricos en materias grasas y azúcar, y no se aconseja abusar de ellos.

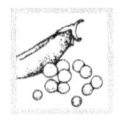

LAS LEGUMBRES Y LOS FRUTOS SECOS

Algunas recetas saladas a base de cereales quedan bien con la fruta seca: la ensalada *tabulé*, pasta a la siciliana (con sardinas, hinojo y pasas), dados de fruta seca en el arroz o el trigo triturado.

Es preciso añadir una pequeña cantidad de fruta seca (40 a 50 g para cuatro personas) unos minutos antes de servir. La fruta seca se hidratará con el calor, sin endulzar en exceso el conjunto.

Productos lácteos: la ventaja del calcio

La fruta seca se distingue por su contenido de calcio (50 mg por 100 g, de media, y hasta 160 mg para el higo seco), al igual que los productos lácteos, que son la principal fuente de calcio de nuestra alimentación.

Su combinación refuerza esta concentración y se aconsejará a todas las personas cuyas necesidades de este elemento sean elevadas: adolescentes en época de crecimiento, mujeres embarazadas o en periodo de lactancia, durante la menopausia y personas mayores.

La fruta seca se integra perfectamente en todos los productos lácteos, como ya hemos dicho: añada un puñado de pasas, de ciruelas pasas, de orejones o higos (en dados) a las tartas, los flanes, pero también a las cremas (crema catalana, crema de pastelería...).

La fruta seca es deliciosa con queso. Proponga varios tipos de fruta seca (y fresca) en la bandeja de los quesos, ya sean fuertes o suaves: esta unión pondrá de relieve su aroma y los hará más apetitosos.

Pruebe las ciruelas pasas (del mismo año) y los orejones (rehidratados) con pasta dura, pero también con queso munster, el fuerte époisse o queso azul: es delicioso. Las pasas casan muy bien con el queso de cabra. Se pueden efectuar combinaciones también en las ensaladas mixtas, como entrante o plato principal (queso de cabra caliente y ensalada con pasas, dados de gruyère y orejones).

LAS COMBINACIONES NUTRICIONALES

Carnes y pescados: puesto de honor

El hierro de la fruta seca no se asimila tan bien como el contenido en los productos animales. Su forma química es diferente y el organismo tiene más «afinidad» con el hierro animal.

El aporte de hierro de la fruta seca es bastante elevado, y constituye una fuente complementaria que sigue siendo interesante, ya que las necesidades de hierro son bastante difíciles de cubrir. Además, la biodisponibilidad del hierro vegetal mejora mucho con la presencia de proteínas animales durante la comida.

Las recetas como el asado de cerdo o de ternera con ciruelas llevan a cabo una excelente sinergia. Se pueden inventar otras: pintada o pollo mezclado con orejones, buey salteado con ciruelas pasas, pato con higos... El pescado presenta el mismo interés nutritivo, pero las recetas son quizá más difíciles de establecer, ya que combina peor con lo dulce. Escoja pescados de carne firme (atún, bacalao); combinan mejor con el sabor dulce de la fruta seca.

Frutas y verduras: llenar el depósito de vitaminas

Durante la deshidratación, la fruta pierde una vitamina específica de los vegetales y la fruta: la vitamina C o ácido ascórbico. Esta vitamina, antioxidante, es necesaria para el buen funcionamiento del sistema inmunitario y participa en muchas reacciones metabólicas de las células. La deficiencia de la fruta seca en esta vitamina explica por qué no puede sustituir la fruta fresca.

En cambio, su combinación es interesante: la fruta seca aporta una concentración mineral y glucídica elevada, mientras que la fruta fresca la enriquece en vitamina C. Las macedonias ganan si son enriquecidas con pasas, ciruelas pasas, dátiles, plátanos secos: aumentará su aporte de calcio, magnesio, hierro y cinc. La vitamina C contenida en la fruta fresca mejora la biodis-

LAS LEGUMBRES Y LOS FRUTOS SECOS

ponibilidad del hierro de la fruta seca. Esta se incorpora a compotas, tartas de frutas, manzanas y peras al horno.

La combinación con las verduras presenta las mismas ventajas: añada fruta seca a las ensaladas mixtas, y en algunos preparados de legumbres (calabacines, pisto, judías verdes, apio, zanahorias...). En los preparados cocidos, añada fruta seca al principio de la cocción, si desea que se rehidraten y suavicen las legumbres, o, al contrario, al final de la cocción, si prefiere una receta menos dulce.

Las diferentes frutas secas

Albaricoques

Composición media

Por 100 g, según la tabla de composición del CIQUAL, edición de 1995 (valores redondeados):

— energía: 200 kcal;
— proteínas: 4 g;
— lípidos: 0,5 g;
— glúcidos: 40 g;
— fibras: 14 g;
— sodio: 14 mg;
— potasio: 1.520 mg;
— calcio: 55 mg;
— magnesio: 50 mg;
— hierro: 5 mg;
— carotenos: 4.700 µg;
— vitamina E: 4,5 mg;
— vitamina B_1: 0,01 mg;
— vitamina B_2: 0,16 mg;
— vitamina B_3 (niacina): 3,2 mg;
— vitamina B_9: 13 µg.

LAS LEGUMBRES Y LOS FRUTOS SECOS

Variedades y presentación

Los albaricoques (orejones) se importan sobre todo de Turquía, que constituye uno de los principales productores. Son frutas muy bonitas, de un calibre bastante grande, que se han beneficiado de un sol óptimo. Muy tiernos, son también muy aromáticos. Se venden, en general, sin hueso, pero también hay pequeños albaricoques de Pakistán, secados con hueso, lo que les da un sabor particular.

Los encontrará secos o rehidratados con un 35 % de agua. Son tiernos, pero no se conservan mucho tiempo. Es mejor escoger los albaricoques no rehidratados, que no son tan frágiles, y meterlos en un bote hermético. Se conservan durante varias semanas.

Sus propiedades

Los albaricoques se distinguen sobre todo por su excepcional riqueza en carotenos (provitamina A), al igual que los albaricoques frescos.

Una ración de 25 g de albaricoques secos u orejones cubre más de un tercio de las necesidades de esta vitamina. Los carotenos son potentes antioxidantes. Disminuyen los fenómenos de envejecimiento en la piel. Antes de la exposición al sol, que nunca debe ser excesiva, se aconseja realizar una cura de albaricoques: prepara la piel y da una bonita pigmentación. Los albaricoques son también los más ricos en hierro y un complemento para quienes consumen muy poca carne. Por último, su contenido de fibras suaves (pectinas) reequilibra el tránsito intestinal.

Cómo prepararlos

Son deliciosos tal cual o rehidratados, durante algunos minutos, con un poco de agua. Se asocian muy bien a los preparados lácteos (tipo pastelitos), a las carnes (pollo, pato, cerdo, ternera), a los quesos (duros, frescos y fermentados), y pueden cocerse en compota.

LAS DIFERENTES FRUTAS SECAS

Ciruelas pasas

Composición media

Por 100 g, según la tabla de composición del CIQUAL, edición de 1995 (valores redondeados):

- energía: 163 kcal;
- proteínas: 2 g;
- lípidos: 0,5 g;
- glúcidos: 40 g;
- fibras: 16 g;
- sodio: 12 mg;
- potasio: 950 mg;
- calcio: 50 mg;
- magnesio: 40 mg;
- hierro: 3 mg;
- carotenos: 450 µg;
- vitamina E: 2,3 mg;
- vitamina B_1: 0,1 mg;
- vitamina B_2: 0,2 mg;
- vitamina B_3 (niacina): 1,7 mg;
- vitamina B_9: 7 µg.

Variedades y presentación

Muchas ciruelas europeas se obtienen de una variedad originaria de Siria y cultivada hoy en día en muchas partes.

Por ejemplo, la denominación *ciruela de Agen* se reserva a las ciruelas que nacen de esta pequeña ciruela violeta y garantiza una gran calidad. Otras provienen de California.

Se encuentran ciruelas con o sin hueso, pero su presencia da un sabor particular a las ciruelas y limita su desecación durante el

LAS LEGUMBRES Y LOS FRUTOS SECOS

almacenaje. Las sin hueso son, no obstante, muy prácticas en la cocina, ya que permiten ganar tiempo.

Para consumirlas tal cual, escoja las ciruelas con hueso.

El calibre se indica en el envase: las más grandes («gigantes») son muy carnosas y tiernas; las más pequeñas son muy aromáticas. ¡Escoja las que más le gusten!

Por último, al igual que los albaricoques, las ciruelas se venden rehidratadas: sabrosas, se conservan sólo unos días en el frigorífico después de abrir el paquete.

Sus propiedades

Las ciruelas tienen fama por su efecto laxante, lo que está totalmente justificado. Su riqueza en fibras (16 g por 100 g) se asocia a su fuerte contenido de sorbitol, un glúcido que estimula el tránsito intestinal. Las fibras que contienen están bien repartidas entre fibras solubles e insolubles. Eso confiere a la ciruela propiedades laxantes, pero sin llegar a ser irritante. Rehidratada, es todavía más eficaz, ya que las fibras se llenan de agua, lo que aumenta el volumen del contenido intestinal.

Están provistas de carotenos, hierro y potasio. La vitamina E refuerza su poder antioxidante.

Cómo prepararlas

Son deliciosas al natural. Las ciruelas se asocian a algunos guisos, como el pollo con ciruelas. Combinan con arroz y sémola con leche, cremas con huevos, compotas, macedonias de frutas, frutas cocidas (ciruelas pasas al vino). Las aves se adecuan a las ciruelas pasas y algunas recetas regionales contienen combinaciones de ciruelas en versión dulce-salado, a veces sorprendentes: el pollo con vino moscatel, verduras y ciruelas es un ejemplo muy logrado.

Pueden rellenarse con pasta de almendras o chocolate: así son más energéticas y contienen más magnesio.

LAS DIFERENTES FRUTAS SECAS

Dátiles

Composición media

Por 100 g, según la tabla de composición del CIQUAL, edición de 1995 (valores redondeados):

- energía: 278 kcal;
- proteínas: 2,5 g;
- lípidos: 0,5 g;
- glúcidos: 69 g;
- fibras: 7 g;
- sodio: 3 mg;
- potasio: 670 mg;
- calcio: 60 mg;
- magnesio: 60 mg;
- hierro: 3 mg;
- carotenos: 30 µg;
- vitamina E: –;
- vitamina B_1: 0,06 mg;
- vitamina B_2: 0,1 mg;
- vitamina B_3 (niacina): 1,7 mg;
- vitamina B_9: 28 µg.

Variedades y presentación

Los dátiles se importan del Magreb y normalmente son secados con su hueso.
    Se encuentran en paquete de cartón o secos con su rama. Pueden estar untados con almíbar, lo que los hace pegajosos, pero brillantes y... ¡deliciosos!

LAS LEGUMBRES Y LOS FRUTOS SECOS

Sus propiedades

Ricos en glúcidos, tienen un aporte energético elevado: están muy indicados para los esfuerzos físicos de larga duración.

Se pueden llevar de excursión, a la montaña, y son ideales como tentempié durante la media parte de un deporte colectivo. Los niños, que se llenan enseguida, se beneficiarán de ellos: en el desayuno o la merienda aportan energía, además de una buena concentración mineral. El dátil no es demasiado rico en fibras, por lo que se adapta a las necesidades del niño (separe el hueso para los más pequeños).

Cómo prepararlos

Al igual que el plátano, el dátil se consume solo, al natural, como tentempié o al final de las comidas. Combina bien con los cereales, la sémola y el arroz en particular, en versión salada o dulce (cocidos con leche). También se puede integrar en los pasteles, los hojaldres o los polvorones.

LAS DIFERENTES FRUTAS SECAS

Higos

Composición media

Por 100 g, según la tabla de composición del CIQUAL, edición de 1995 (valores redondeados):

- energía: 239 kcal;
- proteínas: 3 g;
- lípidos: 1 g;
- glúcidos: 57 g;
- fibras: 11 g;
- sodio: 14 mg;
- potasio: 770 mg;
- calcio: 160 mg;
- magnesio: 60 mg;
- hierro: 2,5 mg;
- carotenos: 80 µg;
- vitamina E: – ;
- vitamina B_1: 0,08 mg;
- vitamina B_2: 0,09 mg;
- vitamina B_3 (niacina): 0,8 mg;
- vitamina B_9: 13 µg.

Variedades y presentación

Fruto simbólico de la cuenca mediterránea, el higo se produce hoy en día en varios países. Los higos se venden a granel o en bolsas, secos. En España, sur de Francia o Italia, se rellenan de almendra: un verdadero placer que debe probarse. Los higos son mejores cuando no están demasiado secos: al envejecer se hacen correosos e insípidos. Escoja frutas que no estén muy arrugadas.

LAS LEGUMBRES Y LOS FRUTOS SECOS

Sus propiedades

Los higos son muy eficaces contra la pereza intestinal. Su piel espesa y las pequeñas semillas que contiene son ricas en fibras estimulantes (celulosa y lignito). Para mejorar su eficacia, póngalas en remojo, para rehidratarlas, con agua y miel (laxante). Se aconseja que se consuman con regularidad uno o dos higos en el desayuno, así como en la cena.

El higo es rico en calcio y una de las pocas frutas cuyo índice de calcio supera el del fósforo. Este aporte es interesante, ya que favorece la buena asimilación y la fijación del calcio en el esqueleto.

Cómo prepararlos

Los higos son mejores rehidratados, salvo si son muy tiernos: entonces es innecesario rehidratarlos.

Se pueden cocer en un líquido aromatizado (vino, canela, limón…), y luego comerlos de postre, como fruta en almíbar. Se combinan bien con los quesos (cabra, oveja) y pueden mezclarse con las ensaladas de fruta fresca o crudités.

LAS DIFERENTES FRUTAS SECAS

Pasas

Composición media

Por 100 g, según la tabla de composición del CIQUAL, edición de 1995 (valores redondeados):

- energía: 265 kcal;
- proteínas: 3 g;
- lípidos: 0,5 g;
- glúcidos: 66 g;
- fibras: 7 g;
- sodio: 23 mg;
- potasio: 780 mg;
- calcio: 40 mg;
- magnesio: 30 mg;
- hierro: 2,5 mg;
- carotenos: 11 µg;
- vitamina E: 0 mg;
- vitamina B_1: 0,11 mg;
- vitamina B_2: 0,14 mg;
- vitamina B_3 (niacina): 0,94 mg;
- vitamina B_9: 9 µg.

Variedades y presentación

Existen muchas variedades de pasas: Esmirna, Corinto, Málaga, Sultanina…

El gusto de los consumidores se orienta cada vez más hacia las pasas sin pepitas, cuya textura es más agradable (Sultanina). Sin embargo, su sabor no es tan típico como el de las variedades más tradicionales. Las pasas se untan a menudo con una pe-

LAS LEGUMBRES Y LOS FRUTOS SECOS

queña cantidad de aceite (que no supera el 0,3 % del peso de la fruta). Eso les da un aspecto brillante y evita la cristalización del azúcar en la piel, que las pegaría unas con otras, pero no modifica sus cualidades nutritivas.

Sus propiedades

La pasa es la fruta seca más consumida. Su aporte nutritivo se sitúa, para todos los nutrientes, en la media. Sólo su aporte glucídico es bastante elevado: 66 g por 100 g. Está pues, como el dátil, recomendada para los deportistas, cuyas necesidades de glúcidos son muy elevadas y a veces difíciles de cubrir. Las pasas también aportan minerales y fibras.

Cómo prepararlas

Las pasas son muy fáciles de consumir: son deliciosas al natural y se integran en los preparados dulces y salados. Para consumirlas tal cual, escoja pasas con un sabor más pronunciado, aunque sean un poco más caras (tipo Málaga).

Para los demás preparados, opte, según su gusto, por variedades rubias (Sultanina) o más pigmentadas (Corinto). Las pasas casan con todas las frutas (macedonias, manzanas al horno, compotas), crudités (ensaladas) y carnes (pollo, cerdo...). Se añaden a la sémola del cuscús y al tabulé.

LAS DIFERENTES FRUTAS SECAS

Plátanos

Composición media

Por 100 g, según la tabla de composición del CIQUAL, edición de 1995 (valores redondeados):

- energía: 257 kcal;
- proteínas: 3 g;
- lípidos: 1 g;
- glúcidos: 60 g;
- fibras: 6 g;
- sodio: 8 mg;
- potasio: 1.150 mg;
- calcio: 20 mg;
- magnesio: 90 mg;
- hierro: 1 mg;
- carotenos: 150 µg;
- vitamina E: 0,6 mg;
- vitamina B_1: 0,1 mg;
- vitamina B_2: 0,18 mg;
- vitamina B_3 (niacina): 2 mg;
- vitamina B_9: -.

Variedades y presentación

Los plátanos secos provienen de las regiones tropicales y de Suramérica.

Se encuentran plátanos corrientes secados y bananas partidas, muy aromáticas.

Se deshidratan rápidamente durante el almacenaje y es imperativo envasarlos en un recipiente hermético. Su aroma pe-

LAS LEGUMBRES Y LOS FRUTOS SECOS

netrante es «contagioso»: impregna todos los alimentos que encuentra. Colóquelos solos en una caja, sin mezclar.

Sus propiedades

Al secarse, los plátanos aumentan su contenido de potasio y magnesio. El potasio, cuyo principal efecto es facilitar la eliminación de agua por los riñones, confiere al plátano virtudes diuréticas. El magnesio, relajante muscular, mejora la calidad del sueño y evita la aparición de calambres musculares. La alimentación actual es a menudo deficiente en magnesio y el consumo regular de plátanos puede limitar sus efectos: cansancio, irritabilidad, reacción exacerbada al estrés.

Cómo prepararlos

Los plátanos se comen tal cual. Se desaconseja ponerlos en remojo: pierden su aroma y se vuelven blandos. Para utilizarlos en la cocina, se cortan a trocitos y se incorporan a las distintas recetas. Se asocian muy bien con la fruta fresca, las macedonias y las compotas, con los cereales del desayuno, los lácteos o los entremeses a base de arroz. Las aves son también deliciosas con plátano seco.

Por último, uno o dos plátanos secos perfuman agradablemente el azúcar en polvo.

TERCERA PARTE

LOS FRUTOS SECOS U OLEAGINOSOS

Los oleaginosos: vegetales especiales

La expresión *semilla oleaginosa* designa las semillas y frutos ricos en lípidos de los que se extrae el aceite. Pero esos vegetales se consumen también tal cual, al natural, o bien en platos cocinados o en pasteles.

Hay tipos de oleaginosos muy variados: el cacahuete, una especie de «judía» que pertenece al grupo de las leguminosas; las nueces y las almendras, semillas contenidas en el corazón del fruto; el sésamo y el girasol, que son cereales. Estas semillas oleaginosas se consumen frescas, durante la temporada (nueces, avellanas), pero todas son deshidratadas, lo que concentra su potencial nutritivo. Emplearemos a menudo, a lo largo de toda esta parte, el término *oleaginoso*, que subraya la riqueza en materias grasas sin especificar su origen botánico.

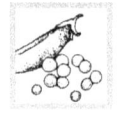

Interés nutricional

Energía: alimentos particularmente ricos

La principal característica nutritiva de los oleaginosos es su aporte energético elevado: 650 kcal por 100 g, lo que los sitúa entre los alimentos más ricos (como la mantequilla o la margarina).

Esta concentración energética proviene de su bajo contenido de agua (inferior al 5 %) y de su contenido elevado de lípidos. Los lípidos son los nutrientes más energéticos, ya que 1 g de lípidos desarrolla 9 kcal, o sea, más del doble de glúcidos (1 g de glúcidos = 4 kcal). Una ración de oleaginosos (30 g), o sea, un pequeño puñado, aporta 200 kcal, lo que está lejos de ser insignificante.

En una época en la que se busca reducir los aportes energéticos, los oleaginosos son —sin razón— apartados de la alimentación.

Pero en otras épocas, estas semillas eran una bendición para las poblaciones hambrientas: tenían la doble ventaja de ser muy nutritivas y de conservarse durante varios meses.

El aporte energético de los oleaginosos presenta, incluso hoy, una propiedad muy importante: se acompaña de una concentración de minerales y vitaminas muy elevada. Lejos de aportar calorías «vacías», estas semillas y frutos tienen, por el contrario, una gran densidad nutritiva. Se trata de una cualidad fundamental, que permite luchar contra algunas carencias de la alimentación actual.

INTERÉS NUTRICIONAL

Lípidos: ¡vivan las «buenas» grasas!

A menudo se dejan de lado los oleaginosos porque son grasos y demasiado ricos en energía. Los lípidos que contienen son, en su mayoría, insaturados; los saturados representan sólo una débil fracción de ese aporte.

Los lípidos insaturados, que se clasifican en monoinsaturados y poliinsaturados, están presentes en los vegetales. El equilibrio de esos tres tipos de lípidos (saturados, monoinsaturados y poliinsaturados) tiene una implicación en el desarrollo de enfermedades cardiovasculares y determina la aparición, en personas predispuestas a ello, de otras enfermedades llamadas «de la civilización» (cáncer, enfermedades inmunitarias...). El consumo de oleaginosos ricos en ácidos grasos insaturados tiene un efecto benéfico en el índice de colesterol. Además, algunos lípidos poliinsaturados son esenciales, ya que son indispensables para la constitución de las membranas celulares, pero el organismo no sabe sintetizarlos. Por ello es preciso que sean aportados por la alimentación: los oleaginosos constituyen a menudo una buena fuente de estos lípidos. Actualmente consumimos demasiados lípidos saturados, presentes en las carnes y los productos lácteos, y los oleaginosos, como los aceites vegetales de los que se extraen, mejoran el aporte de ácidos grasos monoinsaturados y poliinsaturados. En las avellanas y las almendras predominan los ácidos grasos monoinsaturados. La nuez común y la pacana, así como las semillas de girasol, son ricas en ácidos poliinsaturados. El anacardo y el cacahuete contienen ácidos grasos saturados en cantidades elevadas: es preciso no abusar.

Proteínas: un factor que no debe despreciarse

Los oleaginosos son ricos en proteínas, ya que contienen de 10 a 15 g por 100 g (o sea, de 3 a 5 g por una ración de 30 g). El interés de este aporte debe matizarse: estas proteínas tienen una

LAS LEGUMBRES Y LOS FRUTOS SECOS

calidad nutritiva bastante mediocre. En efecto, son deficientes en varios aminoácidos esenciales, entre los que se encuentran la metionina y la lisina. Es obligatorio completarlos con otras fuentes proteínicas diferentes: cereales y leguminosas (pero los déficit son los mismos) y proteínas animales (leche, pescado, huevos y carne). Pero en los países occidentales, donde el consumo de proteínas es más que suficiente, las de los oleaginosos equilibran el aporte hidrogenado que debería componerse del 50 % de proteínas de origen vegetal y del 50 % de proteínas de origen animal. Este equilibrio sólo puede alcanzarse con una alimentación vegetal, rica en cereales y leguminosas.

Glúcidos: un papel muy secundario

Los glúcidos están poco presentes en los oleaginosos: 4 a 15 g por 100 g. Una ración de 30 g aporta de 2 a 5 g, lo que es insignificante, vista la importancia de nuestras necesidades de ese nutriente. Se considera que el aporte óptimo de glúcidos es de 250 a 300 g al día, para un adulto con una actividad ligera.

Los glúcidos de los oleaginosos son una mezcla de glúcidos complejos y simples, que se asimilan de forma progresiva, debido a la presencia de lípidos y fibras.

Vitaminas: una paleta muy variada

La concentración vitamínica de los oleaginosos es elevada; es una de sus mayores características nutritivas.

La vitamina E es abundante: alcanza los 25 mg en la avellana e incluso los 46 mg en las semillas de girasol. Los aportes nutritivos aconsejados de esta vitamina son de 12 mg al día. La mitad de nuestras necesidades, incluso la totalidad, puede cubrirse con una ración de semillas oleaginosas.

Esta vitamina es importante por el fruto mismo, ya que protege los lípidos insaturados de la oxidación y permite su conservación.

INTERÉS NUTRICIONAL

En nuestro organismo tiene el mismo papel, pero en los lípidos circulantes y de las membranas celulares. Protege los lípidos insaturados de los ataques de los radicales libres, limitando así la destrucción de las estructuras celulares, que son la causa principal del envejecimiento.

Las vitaminas del grupo B también están presentes en buenas cantidades: la vitamina B_9 (ácido fólico) y las vitaminas B_1 y B_6.

La vitamina B_9 es necesaria para la síntesis de los glóbulos rojos, o sea, es antianémica, y la vitamina B_6 tiene una implicación en el equilibrio neuropsíquico. Estas dos vitaminas son importantes en las mujeres, que pueden presentar algunas carencias durante el embarazo (B_9) o cuando toman un anticonceptivo oral (B_6).

La vitamina B_1 es esencial para el metabolismo glucídico: participa en la transformación de la glucosa en energía. Es importante para el deportista.

Minerales: una concentración particularmente elevada

Los oleaginosos son los alimentos que tienen mayor concentración de minerales. Aportan cantidades elevadas de calcio, magnesio, potasio, hierro, pero también de cobre, cinc, manganeso...

Su densidad es tal que se prohíben a las personas que padecen insuficiencia renal y algunas insuficiencias cardiacas. Para las personas que gozan de buena salud es una ganga: los oleaginosos son verdaderos complementos nutritivos. Se pueden resumir sus beneficios en tres ejes principales:

— *equilibrio hidrosodado:* ricos en potasio y pobres en sodio, estimulan la eliminación renal y evitan la retención de agua. Pero eso no sirve para los oleaginosos salados (preparados para el aperitivo); sólo las semillas no saladas tienen esta propiedad;
— *metabolismo óseo:* con un aporte simultáneo de calcio, magnesio y fósforo, los oleaginosos poseen una buena carga mineral adaptada al crecimiento y al mantenimiento del tejido óseo;

LAS LEGUMBRES Y LOS FRUTOS SECOS

— *antianemia:* gracias a la presencia de hierro, de cinc y de cobre, así como de vitamina B_9.

Los oleaginosos son verdaderos complementos alimentarios y lo importante es consumirlos con regularidad, en pequeñas dosis, para aprovechar esa riqueza cada día.

Fibras: ideales para el tránsito intestinal

Los oleaginosos son muy eficaces para luchar contra la pereza intestinal. Su riqueza en fibras (5 a 10 g por 100 g de media) aumenta el volumen de las heces y estimula los músculos intestinales. Este efecto está todavía más marcado porque las fibras se asocian a lípidos, en cantidad elevada, que también estimulan el tránsito.

Los oleaginosos pueden ser laxantes, cuando se consumen en gran cantidad o en personas que asimilan mal los lípidos (insuficiencia pancreática y molestias en la vesícula biliar). Se aconseja que se consuman, en ese caso, en poca cantidad y siempre durante una comida.

Si las fibras de los oleaginosos reequilibran el tránsito intestinal, explican también el efecto beneficioso de estas semillas en el índice de colesterol. Las fibras solubles (pectinas y algunas hemicelulosas) aumentan la excreción fecal del colesterol, mejorando su eliminación por las vías naturales.

Los oleaginosos en la alimentación: un lugar por reconquistar

Los oleaginosos se limitan hoy en día a aparecer en los aperitivos. Servidos de ese modo, casi siempre están tostados o salados, lo que no es lo ideal. Además, el beneficio de sus nutrientes sólo se produce si se consumen en pequeña cantidad, pero con regularidad. El aperitivo es lo contrario: a menudo se comen demasiados (con un aporte energético elevado), y una sola vez.

INTERÉS NUTRICIONAL

Estas semillas y frutos pueden integrarse fácilmente en la alimentación diaria:

— en el desayuno, en los cereales (nuez, avellana, almendra, semillas de sésamo o de girasol), en los lácteos o en el pan: se encuentra con bastante facilidad pan con nueces, avellanas o con semillas variadas;
— los frutos oleaginosos se conservan bien y se llevan por todas partes: se pueden consumir en la merienda o por la mañana, si el desayuno es demasiado ligero;
— incluya frutos secos con su cáscara en la cesta de la fruta de los postres o la merienda (nueces, almendras, avellanas…);
— incorpore sistemáticamente semillas en las ensaladas, los cereales cocidos (arroz, sémola…), en algunos platos de carne, y en los postres (compotas, cremas, tartas, pasteles).

Lejos de desequilibrar la alimentación, que es de lo que a menudo se acusa a los oleaginosos, estos mejoran el aporte de ácidos grasos insaturados, vitamina E, minerales de todo tipo y fibras. Lo importante es incorporarlos con buen juicio, con pequeños toques, para no aumentar el aporte de calorías.

Cultivo y tecnología

La simplicidad en el menú

Los frutos secos se cosechan según métodos más o menos modernos, pero la mayor parte del tiempo se espera simplemente a que caigan del árbol, lo que garantiza su plena madurez (nuez, avellana...).

Sin las partes vegetales no comestibles que los envuelven, se limpian y secan con un flujo de aire caliente.

Luego se pueden pelar, lo que es facultativo, y tostarlos, salarlos o aromatizarlos y molerlos. Los oleaginosos son productos alimentarios bastante básicos, que conservan todos los principios nutritivos fundamentales. Desde junio (almendras) a noviembre (nueces y avellanas), se encuentran oleaginosos frescos, cuyo sabor es particularmente fino. ¡No lo olvide, la temporada es muy corta!

Presentación comercial y aditivos

Debe darse prioridad a los antioxidantes naturales. Los frutos secos se venden con su cáscara o sin ella. En ese caso, se envasan en atmósfera controlada: se insufla a la bolsa una mezcla de gas específico que limita la evolución del producto. Algunos preparados se enriquecen con vitamina E, un aditivo que evita la oxidación de las materias grasas que los oleaginosos contienen en mucha cantidad.

Conservación

¡Tenga cuidado de que no se vuelvan rancios! Tras abrir el envase, el oxígeno del aire reacciona con los lípidos insaturados de las semillas y frutos secos. Si alcanza un grado importante, esta oxidación favorece la aparición de modificaciones estructurales de los lípidos: se vuelven rancios, lo que da un sabor desagradable y característico a las materias grasas. Las semillas, si no están envasadas herméticamente, se reblandecen y pierden su sabor inicial. Este fenómeno es importante en los frutos secos tostados. Aunque sean alimentos pobres en agua, los oleaginosos son frágiles debido a su contenido de lípidos. Por ello jamás deben almacenarse más de algunos días y deben estar siempre bien envasados.

Los frutos oleaginosos con su cáscara, mejor protegidos, se conservan sin problemas varios meses, en un lugar aireado y seco (de otra forma pueden enmohecerse).

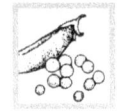

Utilización

Ingredientes que quedan bien en todas partes

Las semillas y frutos oleaginosos se comen tal cual y pueden añadirse a muchos preparados. No necesitan preparación previa, pero tostarlos ligeramente pronuncia su sabor. Se tuestan con facilidad, con la ayuda de una sartén antiadherente muy caliente, sin ninguna materia grasa. Tuéstelos de 2 a 5 minutos a fuego bajo, removiendo sin cesar, y vigilándolos. Se queman con mucha facilidad y no debe quitarles el ojo de encima en ningún momento.

Viértalos luego en un plato, ya que continuarían tostándose en la sartén, incluso con el fuego apagado (porque han almacenado calor). Es preciso triturarlos para algunos preparados: es preferible hacerlo con un pequeño mortero o rompiéndolos con las manos, para obtener fragmentos bastante grandes. Molerlos es sólo útil cuando se quieren reducir a polvo: es indispensable en pastelería.

Alergias: una tolerancia que debe controlarse

Algunas personas padecen alergias a las semillas oleaginosas; la más frecuente es la alergia al cacahuete. Es una enfermedad severa, y la única solución es la desaparición total y definitiva del

UTILIZACIÓN

alergeno (en este caso la fracción proteínica del cacahuete) del organismo.

Todos los alimentos que contengan cacahuete deberán evitarse: cacahuetes, aceite de cacahuete y todos los preparados industriales que puedan contener cacahuete (cereales, galletas, chocolate, salsas…). Es raro que las alergias desaparezcan, y la reintroducción del alergeno en la alimentación, para comprobar la tolerancia, sólo puede llevarse a cabo bajo estricta vigilancia médica.

Los oleaginosos y los distintos regímenes

No crea que los frutos secos están prohibidos desde que se pronuncia la palabra *régimen*. ¡Al contrario, tenga en cuenta que esas pequeñas semillas son a veces muy aconsejables!

Régimen hipocalórico: ¡a pequeñas dosis!

Como los oleaginosos son energéticos, parecería lógico prohibirlos en este tipo de régimen. Pero sería una pena privarse de su aporte de micronutrientes esenciales, cuya necesidad sigue siendo realmente elevada, incluso en un régimen de carácter adelgazante.

Lógicamente, se eliminarán los oleaginosos de los regímenes estrictos (1.000 kcal al día), ya que, en ese caso, es imposible integrarlos.

En cambio, en los más amplios (1.300 kcal y más), se pueden consumir sin problemas, siempre que sea en pequeñas cantidades.

Una ración de 20 g de oleaginosos aporta 130 kcal (de los que 10 g son lípidos), pero con un aporte de minerales, algunas vitaminas y fibras. Se puede sustituir una parte de las materias grasas de aliño por oleaginosos, mejorando así el equilibrio del régimen: 15 g de oleaginosos son equivalentes a 10 g de aceite (1 cucharada sopera), desde el punto de vista energético. Es un pequeño placer que no perjudica la eficacia del régimen. ¡Al contrario!

LOS OLEAGINOSOS Y LOS DISTINTOS REGÍMENES

Enfermedades cardiovasculares: ¡sobre todo, no prohibirlos!

Durante largo tiempo, los frutos oleaginosos se han prohibido a las personas afectadas por enfermedades cardiovasculares o con factores de riesgo (índice de colesterol elevado). En realidad, las materias grasas que contienen, insaturadas, son beneficiosas para la salud vascular.

Se escogerán los más ricos en ácidos grasos monoinsaturados y poliinsaturados: nuez, avellanas, almendras, nuez pacana, semillas de sésamo y de girasol, piñones. Sólo deben evitarse los anacardos y los cacahuetes, ya que contienen demasiadas materias grasas saturadas.

Si su perfil lipídico es interesante, los oleaginosos tienen otras propiedades que los convierten en alimentos de primera para la prevención de enfermedades: riqueza en magnesio y fibras asociada a la presencia de antioxidantes naturales (vitamina E).

Ciertamente tampoco se trata de abusar, pero dos o tres nueces cada día sin duda puede ser beneficioso y mejorar su índice de colesterol.

Régimen sin sal: saber escoger los oleaginosos

Los oleaginosos son pobres en sodio y pueden consumirse en el marco de un régimen sin sal: una ración de 30 g aporta menos de 5 mg, lo que no es insignificante. Se impone exactamente la misma restricción que para los frutos secos: en el caso de un régimen sin sal y limitado en potasio, los frutos oleaginosos están prohibidos.

Además, muchas semillas se venden tostadas y saladas: contienen mucho más sodio (500 mg, incluso más). Los preparados dulces o caramelizados también contienen sodio, y por lo tanto están prohibidos (nuez pacana caramelizada, pralinés de almendras…).

LAS LEGUMBRES Y LOS FRUTOS SECOS

Colitis y gastritis: deben evitarse los oleaginosos

Ricos en fibras y de digestibilidad bastante mediocre, los oleaginosos pueden provocar desarreglos intestinales (diarreas, espasmos). Se desaconsejan en el curso de estos trastornos. Sin embargo, fuera de los periodos de crisis, pueden consumirse en cantidad moderada y se tolerarán mejor si están molidos: una galleta con polvo de almendras o de avellanas no debe causar ningún problema particular.

Diabetes: una buena protección vascular

Los diabéticos deben seguir un régimen que permita un equilibrio glucémico óptimo: es un imperativo evidente. Pero lo que les espera a largo plazo son complicaciones cardiovasculares, cuya precocidad y gravedad pueden prevenirse con la alimentación.

Las propiedades de las materias grasas presentes en la alimentación son también fundamentales, como las que presentan los glúcidos.

Los oleaginosos, cuyo efecto beneficioso respecto a las enfermedades cardiovasculares está bien establecido, tienen su lugar en la alimentación de los diabéticos. Su riqueza en ácidos grasos insaturados y en micronutrientes protectores sólo puede ser beneficiosa. Además, los antioxidantes que contienen contribuyen eficazmente a neutralizar el exceso de radicales libres que se encuentran en el curso de todas las afecciones crónicas.

El aporte glucídico se contabilizará si los oleaginosos se consumen en cantidad bastante elevada: 40 g de nueces o de avellanas aportan de 4 a 5 g de glúcidos.

Además, los oleaginosos tienen un índice glucémico bajo: no provocan modificación importante de la glucemia, propiedad que tiene la ventaja de ayudar al equilibrio glucémico de los diabéticos.

Estreñimiento: una prevención muy eficaz

Los oleaginosos son laxantes. Este efecto es muy marcado cuando se consumen en gran cantidad.

La aparición masiva de lípidos puede superar la capacidad enzimática digestiva; en consecuencia, los lípidos llegan al colon sin haber sido asimilados y son irritantes para la mucosa. Las fibras refuerzan este efecto.

Los oleaginosos son más eficaces en el tránsito intestinal cuando se consumen enteros, con la película que los envuelve, más que en polvo (en los pasteles).

Para una eficacia óptima, es necesario consumirlos regularmente, si es posible varias veces al día: el pan con nueces, que se comerá en cada comida, puede representar una solución bastante práctica.

Complete su efecto asociándolos a frutos secos que contengan sustancias laxantes diferentes (fibras y sorbitol).

Añada oleaginosos en los yogures y el queso blanco, en las compotas, en los postres de casa (*cake*, tartas): es delicioso y muy eficaz. Si teme ganar peso, limítese a 40 g al día.

Deportistas: una buena recarga mineral

Los deportistas tienen necesidades elevadas de minerales. Pierden muchos minerales con el sudor, y el funcionamiento muscular exige una gran cantidad (magnesio, calcio, potasio). El consumo regular de frutos secos contribuye a mejorar las reservas minerales y, en particular, de hierro, calcio, magnesio, cinc y cobre. El aporte potásico de los oleaginosos también es importante.

Los oleaginosos no deben consumirse en gran cantidad a la vez, ni antes de una prueba deportiva, ya que se correría el riesgo de acelerar el tránsito intestinal.

Muy concentrados en energía, no sacian y mejoran las propiedades nutritivas de los tentempiés: pan, nueces y queso o muesli con avellanas y queso blanco.

LAS LEGUMBRES Y LOS FRUTOS SECOS

Niños y adolescentes: a pequeñas dosis

Los oleaginosos no se aconsejan a los niños pequeños: corren el riesgo de ahogarse al tragárselos sin masticar. A partir de los tres años, se pueden consumir de vez en cuando mezclados e incorporados a los postres: compotas, cremas, tartas. Su efecto laxante puede ser mal soportado por la mucosa intestinal de los niños, que es bastante sensible. Deberá comprobar su tolerancia.

Los adolescentes podrían consumir más oleaginosos de los que consumen; sacarían un provecho seguro en cuanto al aporte de micronutrientes esenciales.

En cambio, siempre es preferible que no sean salados, ya que el exceso de sodio puede favorecer, en las personas predispuestas, la aparición de una hipertensión arterial. Es importante incorporar los frutos secos en las comidas o platos preparados, pero nunca como pica-pica «salvaje».

Mujeres embarazadas y en periodo de lactancia: golosinas equilibrantes

Los oleaginosos aportan nutrientes importantes durante el embarazo o el periodo de lactancia. Algunos de los ácidos grasos poliinsaturados que contienen son ácidos grasos «esenciales»: son necesarios para la constitución de las células y del sistema nervioso. Las necesidades de estos ácidos grasos aumentan durante el embarazo para ayudar al desarrollo del feto. Además, las vitaminas B_9 y B_6 son también primordiales durante el embarazo: la B_9 es antianémica, y la B_6 podría prevenir las náuseas durante este periodo.

Por último, el variado abanico de minerales y su concentración convierten los frutos secos en unas golosinas que deben consumirse con regularidad. Se evitarán los preparados salados, ya que el exceso de sodio no se recomienda durante el embarazo. Se pueden consumir de 30 a 40 g de oleaginosos cada día (o sea 3 a 4 nueces), lo que permite aumentar el aporte de fibras.

LOS OLEAGINOSOS Y LOS DISTINTOS REGÍMENES

Vegetarianos: complementos insustituibles

Los vegetarianos consumen frutos y semillas oleaginosos. Es una buena costumbre que facilita la cobertura de las necesidades de micronutrientes, lo que puede ser difícil en una alimentación sin carne. Los complementos de hierro, cinc y cobre que aportan los frutos secos son apreciables, aunque su biodisponibilidad no sea tan buena como en los productos cárnicos. La presencia de proteínas animales (leche, pescado, huevos) puede mejorar su asimilación. Desde el punto de vista proteínico, los oleaginosos no son importantes, pero, asociados a otras proteínas alimentarias, contribuyen a cubrir nuestras necesidades. Su excepcional densidad nutritiva los hace casi indispensables en un régimen vegetariano.

Cantidades y frecuencias aconsejadas

Los oleaginosos son importantes, desde el punto de vista nutritivo, cuando se consumen con regularidad y en pequeña cantidad. Si se consume una gran cantidad a la vez, se corre el riesgo de sufrir molestias intestinales y de aumentar el aporte de lípidos y energía, factor poco deseable.

Las combinaciones nutricionales

Cereales y sus derivados: minerales complementarios

Los cereales, sobre todo cuando no son completos, son bastante pobres en minerales y vitaminas del grupo B. Acompañarlos con una pequeña cantidad de oleaginosos refuerza su densidad mineral y los equilibra.

En efecto, contienen fósforo en una cantidad bastante elevada, pero poco calcio. Los frutos secos aportan, por su parte, calcio y magnesio. Además, también los enriquecen con fibras y hierro.

Los anacardos, los cacahuetes, las almendras y las avellanas son deliciosos con arroz, sémola o bulgur, al igual que las semillas de sésamo y de girasol.

Con las nueces y las nueces pacana, se realizan buenas salsas (mezcladas con un poco de crema de leche o aceite) para sazonar las pastas.

Añada frutos secos a la pasta de las tartas, las pizzas y los brioches.

Productos lácteos: un suplemento de calcio

Los productos lácteos y los oleaginosos tienen la misma riqueza cálcica: por ello su asociación mejora este aporte. Los frutos oleaginosos se pueden integrar molidos o pelados en los platos.

LAS COMBINACIONES NUTRICIONALES

Acompañan bien los yogures y el queso blanco o queso fresco (nuez, avellana, almendra).

No olvide tampoco el queso: sirva nueces y avellanas con gruyère, tome queso brie o tipo brie.

Todas las ensaladas mixtas que contienen queso van muy bien con los frutos secos: queso de cabra y piñones, queso feta y anacardos, mozzarella y avellanas tostadas, gruyère y nueces, queso de oveja y almendras…

Esas recetas están indicadas para las mujeres embarazadas, las personas mayores o los deportistas.

Carnes y pescados: un mayor equilibrio lipídico

El perfil lipídico de las carnes es el opuesto al de los frutos secos: las carnes son ricas en ácidos grasos saturados mientras que, en los oleaginosos, predominan los ácidos insaturados. Mezclados en un mismo plato o consumidos en la misma comida, modifican el equilibrio entre los distintos ácidos grasos. También se puede añadir todo tipo de nueces y de semillas a las carnes: sésamo, girasol, nuez pacana o almendras. Es preferible tostarlas, para potenciar su sabor, que podría pasar desapercibido debido al fuerte sabor de la carne.

Los pescados, en cambio, cuando contienen lípidos, son ricos en ácidos grasos insaturados: los oleaginosos reforzarán esta característica. Los pescados grasos contienen vitamina D, que favorece la asimilación del calcio de los oleaginosos.

Frutas y verduras: perfiles diferentes pero complementarios

Las frutas y verduras están desprovistas de lípidos y son ricas en agua; por consiguiente, son diferentes a los oleaginosos. Añadir avellanas, nueces o almendras a una macedonia de frutas o una compota las enriquece en energía y lípidos. También aumentan

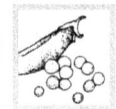 **LAS LEGUMBRES Y LOS FRUTOS SECOS**

los elementos minerales, ya que están mucho más concentrados en los frutos oleaginosos. En cambio, las vitaminas se completan: vitamina C y carotenos en la fruta fresca y la verdura, vitamina E en los oleaginosos. El conjunto da un fuerte poder antioxidante a los platos.

Los distintos oleaginosos

Almendras

Composición media

Por 100 g, según la tabla de composición del CIQUAL, edición de 1995 (valores redondeados):

— energía: 580 kcal;
— proteínas: 20 g;
— lípidos: 54 g;
— glúcidos: 4 g;
— fibras: 15 g;
— sodio: 6 mg;
— potasio: 800 mg;
— calcio: 250 mg;
— magnesio: 250 mg;
— hierro: 4 mg;
— vitamina E: 24 mg;
— vitamina B_1: 0,21 mg;
— vitamina B_2: 0,78 mg;
— vitamina B_3 (niacina): 3,3 mg;
— vitamina B_6: 0,11 mg;
— vitamina B_9: 70 µg.

LAS LEGUMBRES Y LOS FRUTOS SECOS

Variedades y presentación

Las almendras están disponibles frescas en verano. Menos concentradas en nutrientes tras su secado, no dejan de ser frutos oleaginosos, que aportan lípidos en cantidad elevada. La almendra seca se vende en distintas formas: al natural, con cáscara, tostada (salada o no), pelada, molida, caramelizada... Todas las transformaciones a las que puede ser sometida pueden hacer que disminuya su riqueza en fibras y minerales, y que sea más sensible a la oxidación. Por consiguiente, es preferible comprar almendras con o sin cáscara, pero con su piel, no saladas y sin tostar.

Sus propiedades

La almendra es una excelente fuente de calcio y de magnesio. Una ración de 30 g cubre las necesidades diarias de magnesio del adulto del 20 al 25 % y el 10 % del calcio. Su aporte lipídico está constituido por ácidos grasos monoinsaturados a los que se reconocen virtudes protectoras cardiovasculares. Su contenido de ácido fólico (vitamina B_9) es considerable: 30 g de almendras cubren el 8 % del aporte diario recomendado. Por último, la vitamina E, abundante, tiene propiedades protectoras y antienvejecimiento. También contribuye a la protección vascular.

Cómo prepararlas

Las almendras se consumen al natural, al terminar la comida o como tentempié. También se pueden pelar y tostar, lo que potencia su aroma. La tradición culinaria de nuestro país es rica en su utilización. Molida, se añade a pasteles, almendrados y es la base de la pasta de almendra y de otros dulces.

Para los platos salados (con carne, pescado o vegetales), se prefiere la almendra entera tostada o no, o bien a trocitos (con las truchas). Triturada con leche, da un jugo aromático que se utiliza en pastelería.

LOS DISTINTOS OLEAGINOSOS

Anacardos (salados)

Composición media

Por 100 g, según la tabla de composición del CIQUAL, edición de 1995 (valores redondeados):

- energía: 600 kcal;
- proteínas: 19 g;
- lípidos: 49 g;
- glúcidos: 21 g;
- fibras: 4 g;
- sodio: 346 mg;
- potasio: 670 mg;
- calcio: 40 mg;
- magnesio: 250 mg;
- hierro: 5,2 mg;
- vitamina E: 1,2 mg;
- vitamina B_1: 0,43 mg;
- vitamina B_2: 0,16 mg;
- vitamina B_3 (niacina): 1,8 mg;
- vitamina B_6: 0,39 mg;
- vitamina B_9: 70 µg.

Variedades y presentación

El anacardo es un fruto oleaginoso que no se vende nunca fresco, ya que contiene una sustancia tóxica que queda neutralizada al tostarlo.

Es muy frecuente encontrar anacardos salados, o mezclados con otros frutos secos u oleaginosos para tomar el aperitivo (a veces sin sal).

LAS LEGUMBRES Y LOS FRUTOS SECOS

Sus propiedades

El anacardo, al igual que el cacahuete, es bastante rico en ácidos grasos saturados; por lo tanto, es preferible alternar su consumo con otros oleaginosos más ricos en ácidos grasos insaturados (nuez o girasol). Su elevado contenido de hierro (más de 5 mg por 100 g), al igual que de magnesio, pueden completar los aportes ligeramente deficientes, lo que ocurre a veces en la mujer.

Cómo prepararlos

Los anacardos se consumen sobre todo en el momento del aperitivo.

No obstante, también se pueden introducir en las recetas de carne (pollo con anacardos) y sazonar las verduras o los cereales (sémola, arroz), tras triturarlos ligeramente. Dan también un sabor original a las ensaladas verdes o mixtas, y permiten alternarlos con las nueces o los piñones.

LOS DISTINTOS OLEAGINOSOS

Avellanas

Composición media

Por 100 g, según la tabla de composición del CIQUAL, edición de 1995 (valores redondeados):

- energía: 650 kcal;
- proteínas: 13 g;
- lípidos: 62 g;
- glúcidos: 9 g;
- fibras: 8 g;
- sodio: 3 mg;
- potasio: 600 mg;
- calcio: 190 mg;
- magnesio: 160 mg;
- hierro: 4 mg;
- vitamina E: 25 mg;
- vitamina B_1: 0,5 mg;
- vitamina B_2: 0,13 mg;
- vitamina B_3 (niacina): 1,1 mg;
- vitamina B_6: 0,57 mg;
- vitamina B_9: 113 μg.

Variedades y presentación

Se encuentran avellanas frescas en otoño (que no se conservan mucho tiempo) y avellanas secas durante todo el año. Estas se venden con su cáscara o peladas, eventualmente tostadas, saladas o no. Existe una especialidad típica italiana: las avellanas tostadas con su cáscara. ¡Un verdadero placer que debe probarse!

LAS LEGUMBRES Y LOS FRUTOS SECOS

Algunas tiendas de dietética ofrecen pasta (o mermelada) de avellanas, que es excelente untada con pan: prefiera la que lleve menos azúcar, ya que el sabor de la avellana es más pronunciado.

Sus propiedades

La avellana es bastante rica en hierro y ácido fólico: es un buen complemento para favorecer la síntesis de los glóbulos rojos. La alimentación de la mujer es a veces deficitaria en estos elementos y consumir con regularidad avellanas (en los cereales del desayuno) sería una muy buena costumbre.

Su perfil lipídico está bien equilibrado: las avellanas aportan sobre todo ácidos insaturados y una fracción muy pequeña de ácidos grasos saturados. Además son muy ricas en vitamina E, ya que una pequeña ración de 30 g cubre más del 80 % de nuestras necesidades diarias. Esta vitamina, que disminuye el envejecimiento celular, también está implicada en el desarrollo armonioso del feto: las mujeres embarazadas deberán consumir avellanas con regularidad.

Cómo prepararlas

La avellana se consume al natural, tostada o no. En la cocina, puede incorporar avellanas en las ensaladas, tostadas y trituradas, y a los pasteles (molidas o ligeramente trituradas), o sazonar las compotas y las cremas de postres. Enriquecen los platos por su contenido de ácidos grasos insaturados y en fibras.

También son deliciosas en las terrinas de verduras y de pescado y con queso. Su sabor combina con lo salado y lo dulce. Por último, no olvidemos que el cómplice más goloso de la avellana es ¡el chocolate! Su mezcla concentra todavía más el aporte de ambos de calcio, hierro y magnesio, y reequilibra la composición de ácidos grasos del chocolate.

LOS DISTINTOS OLEAGINOSOS

Cacahuetes

Composición media

Por 100 g, según la tabla de composición del CIQUAL, edición de 1995 (valores redondeados):

— energía: 580 kcal;
— proteínas: 25 g;
— lípidos: 50 g;
— glúcidos: 10 g;
— fibras: 8 g;
— sodio: 9 mg (salados: 430 mg);
— potasio: 700 mg;
— calcio: 60 mg;
— magnesio: 175 mg;
— hierro: 2,5 mg;
— vitamina E: 8,5 mg;
— vitamina B_1: 0,8 mg;
— vitamina B_2: 0,13 mg;
— vitamina B_3 (niacina): 15 mg;
— vitamina B_6: 0,3 mg;
— vitamina B_9: 110 µg.

Variedades y presentación

Encontrará cacahuetes con pocas variaciones de presentación: con su cáscara, pelados (tostados o no) y aromatizados (para el aperitivo). La pasta de cacahuete, muy consumida en los Países Bajos y en Estados Unidos, está cada vez más extendida en nuestro país. Se trata de un producto simple: cacahuetes tostados, batidos, salados y azucarados. Las personas que padecen exceso

LAS LEGUMBRES Y LOS FRUTOS SECOS

de colesterol pueden sustituir así la mantequilla clásica (en cantidad razonable). La mayoría de cacahuetes provienen de Estados Unidos y sus cualidades gustativas están garantizadas por la leyenda *US Peanuts*. En el caso de los cacahuetes, es preciso tener cuidado: mal conservados, pueden contener una toxina muy peligrosa: la aflatoxina. Es preferible evitar los cacahuetes que provengan de países cuyos controles sean menos rigurosos (algunos países africanos, en particular).

Sus propiedades

El cacahuete contiene muchas proteínas: a menudo es utilizado por los vegetarianos, ya que permite completar su alimentación. Carece, al igual que las leguminosas de las que forma parte, de metionina, un aminoácido esencial. Por ello deberá combinarse con cereales y productos lácteos (que contengan metionina).

Sus lípidos están bien equilibrados, con predominio de los ácidos monoinsaturados, pero contienen una fracción de ácidos grasos saturados importante (9 %). Estos últimos tienen un papel en el desarrollo de las enfermedades cardiovasculares, y su consumo en Occidente es demasiado elevado. El cacahuete debe consumirse con otros frutos secos.

Su contenido de ácido fólico (vitamina B_9) es uno de los más elevados: 30 g de cacahuetes cubren un 12 % de nuestras necesidades diarias.

Cómo prepararlos

Los cacahuetes con cáscara o pelados se comen tal cual. Se pueden incorporar a platos de carne, vegetales o ensaladas, como las nueces, simplemente triturados. Tostarlos potencia su sabor y atenúa su amargor. Para la pastelería *(cake, brownies...)*, es preferible tostarlos. La pasta de cacahuete se unta con pan, pero también puede añadirse a salsas.

LOS DISTINTOS OLEAGINOSOS

Girasol

Composición media

Por 100 g, según la tabla de composición del CIQUAL, edición de 1995 (valores redondeados):

— energía: 600 kcal;
— proteínas: 22 g;
— lípidos: 50 g;
— glúcidos: 14 g;
— fibras: 6 g;
— sodio: 2 mg;
— potasio: 640 mg;
— calcio: 100 mg;
— magnesio: 390 mg;
— hierro: 6,4 mg;
— vitamina E: 46 mg;
— vitamina B_1: 1,9 mg;
— vitamina B_2: 0,2 mg;
— vitamina B_3 (niacina): 4,5 mg;
— vitamina B_6: 0,77 mg;
— vitamina B_9: 230 µg.

Variedades y presentación

Las semillas de girasol se venden tostadas y saladas en su cáscara negra y blanca, en las tiendas de dietética o… ¡en las tiendas de dulces!

Señalaremos, además, que en las tiendas de dietética, las semillas de girasol se pueden encontrar al natural o también sin cáscara.

LAS LEGUMBRES Y LOS FRUTOS SECOS

Es preciso envasarlas con cuidado y consumirlas rápidamente, ya que los lípidos que contienen, muy insaturados, son muy sensibles al oxígeno del aire que las hace ponerse rancias enseguida.

Sus propiedades

Debemos rendir homenaje al doctor Kousmine, que siempre defendió las semillas de girasol por su excepcional contenido de ácidos grasos insaturados. Es cierto que el girasol contiene cerca del 70 % de lípidos poliinsaturados (de los que la mayor parte es ácido linoleico, esencial para el organismo humano).

El girasol se distingue también por su riqueza en vitamina E antioxidante: 25 g de semillas bastan para cubrir nuestras necesidades diarias. Son muy ricas en ácido fólico (vitamina B_9), verdaderamente excepcional, y su aporte de vitaminas del grupo B y minerales es muy elevado: esta semilla es ¡una comida «dietética»!

Cómo prepararlas

Las semillas de girasol se añaden a los preparados salados o dulces, como el sésamo. Se pueden tostar, lo que potencia su sabor. Combinan muy bien con las ensaladas mixtas, las legumbres y los cereales (arroz, cebada…).

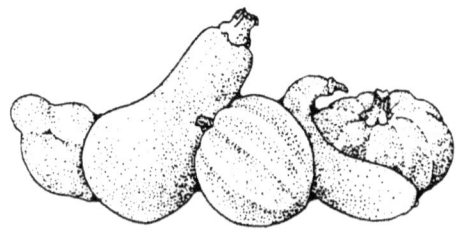

138

LOS DISTINTOS OLEAGINOSOS

Nuez

Composición media

Por 100 g, según la tabla de composición del CIQUAL, edición de 1995 (valores redondeados):

- energía: 675 kcal;
- proteínas: 15 g;
- lípidos: 64 g;
- glúcidos: 11 g;
- fibras: 6 g;
- sodio: 7 mg;
- potasio: 480 mg;
- calcio: 90 mg;
- magnesio: 160 mg;
- hierro: 2,5 mg;
- vitamina E: 4,1 mg;
- vitamina B_1: 0,4 mg;
- vitamina B_2: 0,14 mg;
- vitamina B_3 (niacina): 1,1 mg;
- vitamina B_6: 0,67 mg;
- vitamina B_9: 155 µg.

Variedades y presentación

España es un país productor de nueces. Las nueces varían según la zona de producción, pero son siempre deliciosas. Se encuentran también en nuestros mercados nueces de California, que completan la producción local. La temporada de las nueces frescas es corta, pero es un placer que no debe perderse. El sabor de la nuez fresca es distinto al de la nuez seca.

LAS LEGUMBRES Y LOS FRUTOS SECOS

Las nueces secas se venden con o sin cáscara, preparadas para su empleo. Esta segunda presentación se conserva menos tiempo, ya que los lípidos de la nuez, que ya no están protegidos por la cáscara, se vuelven rancios más deprisa. Las nueces peladas son muy prácticas y permiten una bonita presentación, pero es indispensable consumirlas tras abrir la bolsa.

Sus propiedades

Las nueces se distinguen por su contenido muy elevado de ácidos poliinsaturados y de ácido alfalinoleico. Es el fruto oleaginoso que más contiene. Es muy recomendable el consumo regular de nueces a lo largo de todo el año: permite reequilibrar el aporte lipídico de nuestra alimentación, siempre demasiado rica en ácidos grasos saturados. Los ácidos grasos contenidos en la nuez son, en gran parte, ácidos grasos de la familia omega 3, idénticos a los de los pescados grasos, cuyo efecto beneficioso sobre la prevención de las enfermedades cardiovasculares está reconocido. La nuez es una buena fuente de minerales y de ácido fólico (vitamina B_9), vitamina antianémica. Otra sustancia llama también la atención de los cardiólogos: la arginina, un aminoácido implicado en la prevención de las enfermedades cardiovasculares.

Cómo prepararlas

Las nueces se comen al natural, como postre o como acompañamiento de quesos. Entran en la composición de muchos dulces y postres (pastel de nueces, galletas, tartas de nueces, *baklava*...). Mezcladas con un poco de crema, acompañan las pastas, las carnes blancas y los pescados. Se añaden a las ensaladas verdes o mixtas.

LOS DISTINTOS OLEAGINOSOS

Nuez pacana

Composición media

Por 100 g, según la tabla de composición del CIQUAL, edición de 1995 (valores redondeados):

- energía: 700 kcal;
- proteínas: 10 g;
- lípidos: 72 g;
- glúcidos: 4 g;
- fibras: 10 g;
- sodio: 3 mg;
- potasio: 600 mg;
- calcio: 75 mg;
- magnesio: 140 mg;
- hierro: 2,5 mg;
- vitamina E: 3,1 mg;
- vitamina B_1: 0,86 mg;
- vitamina B_2: 0,13 mg;
- vitamina B_3 (niacina): 2 mg;
- vitamina B_6: 0,52 mg;

Variedades y presentación

La nuez pacana es originaria de Norteamérica. Se parece a la nuez común, pero el fruto es más aplanado. Su sabor es fino y delicado.

Son bastante difíciles de encontrar con cáscara: a veces se venden en tiendas de productos de lujo y su precio es elevado. En general, se comercializan tostadas y saladas o caramelizadas, lo que modifica su sabor de origen.

LAS LEGUMBRES Y LOS FRUTOS SECOS

Sus propiedades

Las nueces pacana, al igual que las nueces comunes, son muy ricas en lípidos insaturados: 90 % de los lípidos totales. Se aconsejan, pues, para prevenir enfermedades cardiovasculares. Son ricas en minerales (excelente aporte de magnesio) y en vitamina E y del grupo B. Su contenido es elevado en vitamina B_6 (que actúa en los distintos metabolismos y en el equilibrio psíquico), así como en vitamina B_1 (utilización metabólica de los glúcidos). Es muy rica en fibras (10 g por 100 g), y estimula el tránsito intestinal. Este efecto se ve reforzado por la presencia elevada de lípidos.

Cómo prepararlas

Sobre todo se consume el fruto salado, que también se puede añadir a las ensaladas mixtas. Al natural, se puede utilizar para los postres, como la nuez común.

LOS DISTINTOS OLEAGINOSOS

Piñones

Composición media

Por 100 g, según la tabla de composición del CIQUAL, edición de 1995 (valores redondeados):

- energía: 670 kcal;
- proteínas: 12,5 g;
- lípidos: 60 g;
- glúcidos: 20 g;
- fibras: -.

Variedades y presentación

Los piñones son las semillas contenidas en las piñas del pino piñonero. En nuestro país se obtiene una producción reducida y la mayor parte se importa. Se venden sin cáscara, naturales.

Sus propiedades

Ricos en ácidos grasos insaturados, los piñones se consumen en poca cantidad, salvo en algunas regiones, donde contribuyen a equilibrar los aportes lipídicos.

Cómo prepararlos

Los piñones se integran tal cual o tostados en las ensaladas mixtas y en la pastelería. Combinan con el queso (los quesos de cabra calientes).

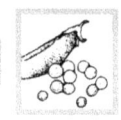

LAS LEGUMBRES Y LOS FRUTOS SECOS

Pistachos (tostados y salados)

Composición media

Por 100 g, según la tabla de composición del CIQUAL, edición de 1995 (valores redondeados):

- energía: 600 kcal;
- proteínas: 18 g;
- lípidos: 53 g;
- glúcidos: 13 g;
- fibras: 9 g;
- sodio: 650 mg;
- potasio: 1.050 mg;
- calcio: 140 mg;
- magnesio: 160 mg;
- hierro: 7 mg;
- vitamina E: 5,2 mg;
- vitamina B_1: 0,59 mg;
- vitamina B_2: 0,2 mg;
- vitamina B_3 (niacina): 1,3 mg;
- vitamina B_6: 0,26 mg;
- vitamina B_9: 100 µg.

Variedades y presentación

Los pistachos son originarios de la cuenca mediterránea; Turquía es un importante país productor. Se venden tostados y salados, en su cáscara entreabierta.

Algunas marcas los venden sin cáscara, pero se conservan peor, ya que se exponen al oxígeno del aire, que daña las materias grasas de los pistachos y los vuelve rancios.

LOS DISTINTOS OLEAGINOSOS

Sus propiedades

Los pistachos se venden salados: es una pena, ya que este aporte de sal no aporta nada positivo, ni desde el punto de vista nutritivo, ni siquiera desde el punto de vista del sabor. Se puede limitar el exceso de sal lavando los pistachos con agua fría y dejándolos secar luego antes de consumirlos.

Los pistachos tienen un contenido muy elevado de minerales: sobre todo de hierro, magnesio, calcio y potasio. Son fuertemente remineralizantes y aportan en gran cantidad vitaminas del grupo B. Su riqueza en fibras los hace muy eficaces para luchar contra el estreñimiento. Desde el punto de vista lipídico, están bastante bien equilibrados: su contenido en ácidos grasos saturados sigue siendo modesto y predominan los monoinsaturados.

Cómo prepararlos

Se consumen en general en el aperitivo, pero es una lástima abandonarlos a este papel más bien limitado. El pistacho tiene un sabor muy fino: es delicioso en las ensaladas mixtas, mezclado con salsas o en pastelería (tartas, *baklava*...). Lave con agua los pistachos, si los compra salados, antes de utilizarlos para su uso en pastelería.

LAS LEGUMBRES Y LOS FRUTOS SECOS

Sésamo

Composición media

Por 100 g, según la tabla de composición del CIQUAL, edición de 1995 (valores redondeados):

- energía: 560 kcal;
- proteínas: 20 g;
- lípidos: 50 g;
- glúcidos: 10 g;
- fibras: 11 g;
- sodio: 40 mg;
- potasio: 450 mg;
- calcio: 150 mg;
- magnesio: 350 mg;
- hierro: 9 mg;
- vitamina E: 2,3 mg;
- vitamina B_1: 0,7 mg;
- vitamina B_2: 0,1 mg;
- vitamina B_3 (niacina): 4,5 mg;
- vitamina B_6: 0,15 mg;
- vitamina B_9: 100 µg.

Variedades y presentación

El sésamo es una semilla pequeña, que se utiliza para la fabricación de panes.

Podemos encontrar muy fácilmente semillas de sésamo en las tiendas orientales o asiáticas, aunque también es posible comprarlas en otros establecimientos, como las tiendas de productos de dietética.

LOS DISTINTOS OLEAGINOSOS

Sus propiedades

El sésamo tiene una composición lipídica interesante: es muy rico en ácidos monoinsaturados y poliinsaturados (20 g por 100 g cada tipo) y contiene muy pocos ácidos grasos saturados (7 g por 100 g). Sin duda es una semilla que debe consumirse con regularidad, incluso en pequeña cantidad: se corresponde con nuestras necesidades. Rico en minerales, el sésamo está muy bien provisto de vitaminas.

Contiene también selenio, un oligoelemento indispensable, con un marcado poder antioxidante.

Cómo prepararlo

El sésamo desarrolla todo su aroma cuando está tostado. Pueden sazonarse con sésamo las ensaladas y las crudités, los platos de carne (tostado) o de pescado, de verduras o de cereales. También es delicioso en los pasteles, las pastas y las tartas, o el pan.

Cuarta parte

RECETAS Y MENÚS

Recetas y menús: las legumbres

La preparación básica de las legumbres

COCCIÓN AL AGUA

PARA 4 PERSONAS
PREPARACIÓN: 20 MINUTOS
COCCIÓN: 25 MINUTOS
INGREDIENTES
200 g de legumbres (lentejas, judías…)
1 manojo de hierbas
1 zanahoria
1 cebolla
1 diente de ajo
1 rama de apio

Realización

Lave y escurra las legumbres. Pele y lave la zanahoria, la cebolla, el ajo y el apio.

Vierta agua fría en una gran olla. Añada los vegetales y las hierbas. Sazone con pimienta. Vierta las legumbres y deje cocer a fuego suave 25 minutos a partir de la ebullición. Sale al final de la cocción. Sirva caliente o frío, en vinagreta, tras escurrir.

(Continúa)

 **LAS LEGUMBRES Y LOS FRUTOS SECOS**

Una vez cocidas, las legumbres se conservan dos días en el frigorífico. También se pueden congelar, en bolsitas, para tener a mano.

Nuestro consejo

Sale al final de la cocción para que las legumbres no se endurezcan. A veces se suele añadir bicarbonato al agua de cocción de las legumbres: eso las hace más tiernas, pero es preciso saber que destruye en gran parte las vitaminas del grupo B que contienen las leguminosas. La olla a presión acorta la cocción (10 minutos), pero las legumbres pueden estallar y a menudo quedan menos presentables.

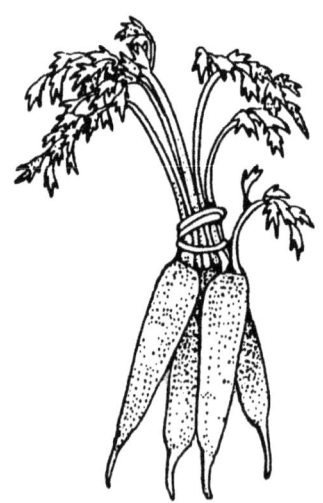

RECETAS Y MENÚS: LAS LEGUMBRES

COCCIÓN AL VAPOR

PARA 4 PERSONAS
PREPARACIÓN: 20 MINUTOS
COCCIÓN: DE 30 MINUTOS A 1 H
INGREDIENTES
200 g de legumbres (lentejas, judías...)
1 manojo de hierbas
1 zanahoria
1 cebolla
1 diente de ajo
1 rama de apio

Realización

Lave las legumbres varias veces con agua fría, retire las impurezas que puedan encontrarse y escurra. Pele y lave la zanahoria, la cebolla, el ajo y el apio; córtelos a trocitos.

Vaporera tradicional: disponga los vegetales y las legumbres en un platito, en una capa bastante fina, cubra con agua, añada el manojo de hierbas y cierre con la ayuda de papel de aluminio; deje cocer de 30 minutos a 1 hora, según las legumbres y vegetales.

Vaporera eléctrica: ponga todos los ingredientes en la parte reservada a ese efecto, cubra con agua y deje cocer de 20 minutos a 1 hora.

En ambos casos, sale después de la cocción.

Nuestro consejo

La cocción al vapor es ideal para conservar el sabor y la riqueza mineral de las legumbres. Es un poco larga, pero no necesita que la vigile.

Se pueden cocer, de vez en cuando, cereales: añádalos a media cocción, ya que cuecen más rápidamente que las leguminosas.

LAS LEGUMBRES Y LOS FRUTOS SECOS

Potajes

Para 4 personas
Preparación: 20 minutos
Cocción: 30 a 40 minutos
Ingredientes
200 g de legumbres (lentejas, judías...)
100 g de patatas
400 g de vegetales variados
(apio, cebolla, tomate, zanahoria,
calabacín, judías verdes, nabo, puerro...)
1 manojo de hierbas
1 diente de ajo

Realización

Lave las legumbres varias veces con agua fría; retire las impurezas que puedan encontrarse en estas y escurra. Pele y lave todos los vegetales, y córtelos a trocitos. Vierta agua fría en una gran olla. Añada las legumbres, el manojo de hierbas y deje cocer a fuego suave durante 10 minutos. Añada el resto de vegetales y continúe la cocción de 20 a 30 minutos.

Retire el manojo de hierbas y sirva el potaje triturado o no; no olvide aderezarlo adecuadamente (sal, pimienta).

Nuestro consejo

Se aconseja la utilización de la olla a presión: acorta la cocción y las leguminosas estarán perfectamente cocidas. Calcule cinco minutos para las legumbres, luego diez minutos con el resto de vegetales.

Añada, según sus gustos, una nuez de mantequilla o un poco de aceite de oliva, picatostes, queso rallado o un puñado de cereales (arroz redondo, trigo triturado, pasta pequeña).

Purés

Para 4 personas
Preparación: 20 minutos
Cocción: 25 minutos
Ingredientes
150 g de legumbres (lentejas, judías...)
150 a 200 g de patatas de puré
1 manojo de hierbas
1 zanahoria
1 cebolla
1 diente de ajo
1 rama de apio

Realización

Lave las legumbres varias veces con agua fría y retire las impurezas. Escúrralas. Pele y lave las patatas, la zanahoria, la cebolla, el ajo y el apio.

Vierta agua en la olla, añada las hierbas aromáticas, la zanahoria, la cebolla, el ajo, el apio y el manojo de hierbas, así como las legumbres.

Deje cocer diez minutos con un pequeño hervor, y añada las patatas cortadas en dos. Deje cocer todavía 15 minutos. Compruebe la cocción (todos los ingredientes deben estar tiernos) y escurra. Retire el manojo de hierbas y las legumbres. Páselas por el pasapurés y sirva según su gusto.

Nuestro consejo

Pasadas por el pasapurés, las leguminosas pierden una parte de sus envoltorios de celulosa externos y así son más digestivas. Se puede añadir, según su gusto y necesidad, una nuez de mantequilla o margarina, crema de leche, leche... y especias (curry, azafrán, nuez moscada...).

LAS LEGUMBRES Y LOS FRUTOS SECOS

Ensaladas

Brécol y habichuelas con migas de cangrejo

Para 4 personas
Preparación: 20 minutos
Cocción: 10 minutos
Ingredientes
1 lata de habichuelas
300 g de brécol
o de col congelada (100 g)
100 g de migas de cangrejo
1 tomate grande
50 g de rábanos negros
1 cucharada de mostaza fuerte
2 cucharadas de aceite de girasol
2 cucharadas de vinagre de vino
1 manojo de hierbas

Realización

Lave las habichuelas. Cueza el brécol 10 minutos con agua hirviendo salada o al vapor, y escúrralo. Escurra las migas de cangrejo. Lave el tomate y el rábano negro. Corte el tomate a dados y ralle el rábano (o córtelo en finas lonchas).
 Bata la mostaza, el aceite y el vinagre. Mezcle todos los ingredientes y añada la salsa. Sirva de inmediato.

Nuestro consejo

Las habichuelas pueden recalentarse y la ensalada servirse caliente o templada.
 Se pueden añadir almendras a trocitos o semillas de sésamo, que aumentan el aporte de vitamina E y minerales.

RECETAS Y MENÚS: LAS LEGUMBRES

Ideas de menú[1] para el brécol y habichuelas con migas de cangrejo

Tradicional
- Habichuelas y brécol con migas de cangrejo
- Asado de buey
- Lechuga a trocitos
- Camembert
- Melocotón
- Pan

Vegetariano
- Habichuelas y brécol con migas de cangrejo
- Lechuga y guisantes a trocitos
- Camembert
- Melocotón
- Pan

1. Para la mayoría de las recetas, se proponen dos menús: tradicional y vegetariano; la autora ha mantenido el pescado y los crustáceos en algunos menús vegetarianos porque algunas personas los conservan en su alimentación.

LAS LEGUMBRES Y LOS FRUTOS SECOS

Ensalada de arroz con soja negra

Para 4 personas
Preparación: 20 minutos
Cocción: 40 minutos
Ingredientes
80 g de semillas de soja negra
1 pastilla de caldo de verduras
80 g de arroz basmati
100 g de pollo cocido
100 g de gambas peladas
1 tomate grande
150 g de pepino
algunas hojas de ensalada
2 cucharadas de aceite de soja o girasol
2 cucharadas de aceite de soja
el zumo de un limón
cilantro fresco

Realización

Cueza la soja 25 minutos en agua hirviendo aromatizada con el caldo de verduras, y luego escúrrala. Deje cocer el arroz con agua hirviendo salada durante 12 minutos y escúrralo. Corte el pollo, el tomate y los pepinos lavados en dados. Mezcle el arroz, la soja, el pollo y los vegetales.

Disponga las hojas de ensalada en un plato, vierta la mezcla precedente y coloque las gambas peladas alrededor. Sazone con la mezcla de aceite, salsa de soja y limón; salpimente. Decore con briznas de cilantro fresco.

Nuestro consejo

Sirva fresco o templado, a su gusto. Para una comida más abundante, sirva además *nems* chinos o bocaditos al vapor.

RECETAS Y MENÚS: LAS LEGUMBRES

Ideas de menú para la ensalada de arroz con soja negra

Tradicional
- Ensalada de arroz con soja negra
- Pollo con almendras
- Brotes de soja salteados
- Mango fresco

Vegetariano
- Potaje con champiñones perfumados
- Ensalada de arroz con soja negra
- Mango fresco

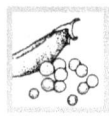

LAS LEGUMBRES Y LOS FRUTOS SECOS

Garbanzos con trigo triturado

Para 4 personas
Preparación: 20 minutos
Cocción: 20 minutos
Ingredientes
1 lata de garbanzos en conserva
80 g de trigo triturado
1 tomate, 1/2 pimiento verde
10 rábanos rosas, 1 aguacate
80 g de queso tipo manchego
1 limón, 10 pasas, 1 diente de ajo
2 cucharadas de aceite de oliva
1 cucharada de vinagre, 1 de mostaza

Realización

Lave y escurra los garbanzos. Deje cocer el trigo triturado con agua hirviendo salada durante 20 minutos y escúrralo.

Lave el tomate, el pimiento y los rábanos. Córtelos a trocitos muy pequeños. Pele el aguacate, córtelo a dados y mézclelo con el zumo de limón. Mezcle el aceite, la mostaza y el vinagre. Añada las pasas y el diente de ajo picado. Salpimente. Mezcle en una ensaladera todos los ingredientes, añada la salsa y sirva fresco.

Nuestro consejo

Las proteínas de los garbanzos, del trigo y del queso, dispensan del consumo del jamón del menú, que es facultativo. Combina muy bien con esta ensalada. Esta se puede realizar también con judías pintas, que se preferirán envasadas al vacío, mejor que en lata (son mucho más firmes).

RECETAS Y MENÚS: LAS LEGUMBRES

Ideas de menú para los garbanzos con trigo triturado

Tradicional	Vegetariano
• Garbanzos con trigo triturado	• Garbanzos con trigo triturado
• Jamón del país	• Bandeja de quesos
• Macedonia	• Macedonia
• Pan	• Pan

HABAS CON MENTA

PARA 4 PERSONAS
PREPARACIÓN: 15 MINUTOS
COCCIÓN: 10 MINUTOS
INGREDIENTES
400 g de habas (peso neto)
3 cucharadas de aceite de oliva
2 dientes de ajo
1 limón
1 manojo de menta
pimienta molida

Realización

Retire la fina película que envuelve las habas. Exprima el limón. Lave la menta y pique las hojas. Caliente ligeramente el aceite, añada los dientes de ajo pelados. Deje dorar cinco minutos a fuego muy bajo. Añada las habas, el zumo de limón y la mitad de las hojas de menta picadas. Cueza a fuego suave durante cinco minutos. Aderece con la pimienta molida y deje en un lugar fresco. Sazone con el resto de menta y sirva.

LAS LEGUMBRES Y LOS FRUTOS SECOS

Nuestro consejo

Prepare el plato varias horas antes. Será todavía más aromático.

Para variar, mezcle diferentes hierbas frescas (cebolleta, cilantro, perejil…); aportan todas carotenos, hierro y vitamina B_9. Será «más» nutritivo.

Ideas de menú para las habas con menta

Tradicional	Vegetariano
• Habas con menta	• Habas con menta
• Asado de ternera	• Tarta de tomate
• Tomate a la provenzal	• Queso de cabra
• Queso de cabra	• Albaricoques
• Albaricoques	• Pan

JUDÍAS BLANCAS CON ATÚN

PARA 4 PERSONAS
PREPARACIÓN: 25 MINUTOS
COCCIÓN: 40 MINUTOS

INGREDIENTES

120 g de judías blancas
1 manojo de hierbas
1 rama de hinojo
2 tomates
1 cebolla, 2 zanahorias
1 lata de atún al natural (100 g)
2 cucharadas de aceite de oliva
1 cucharada de mostaza a la antigua
2 cucharadas de vinagre de vino
1 manojo de perejil

(Continúa)

RECETAS Y MENÚS: LAS LEGUMBRES

Realización

Deje cocer las judías con agua, el manojo de hierbas, la cebolla y una zanahoria peladas, y luego escúrralo. Pele y lave la otra zanahoria, córtela en finas tiras con la ayuda de un cuchillo. Lave el hinojo y los tomates. Pique el hinojo y corte los tomates a dados. Mezcle las judías cocidas, las tiras de zanahoria, el hinojo y los tomates en una ensaladera. Escurra el atún, haga migas y añádalo a los vegetales.

Bata en un bol el aceite, la mostaza y el vinagre. Salpimente. Condimente con perejil picado. Vierta el preparado en la ensaladera, mézclelo y sírvalo.

Nuestro consejo

El atún, excelente fuente de proteínas, completa las de las judías, y puede ser sustituido por salmón ahumado o gambas. Aumentando las cantidades, se obtiene una ensalada-comida, que puede completarse con un yogur.

Ideas de menú para las judías blancas con atún

Tradicional	Vegetariano
• Judías blancas con atún	• Judías blancas con atún
• Bistec a la plancha	• Gratinado de espinacas con bechamel
• Ensalada verde	
• Compota de melocotón	• Compota de melocotón
• Pan	• Pan

163

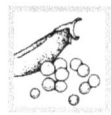

LAS LEGUMBRES Y LOS FRUTOS SECOS

Judías pintas con pimientos

Para 4 personas
Preparación: 25 minutos
Cocción: 40 minutos
Ingredientes
120 g de judías pintas crudas
1 manojo de hierbas
1 cebolla, 1 pimiento rojo, 1 tomate
1 aguacate muy maduro, 2 dientes de ajo
2 cucharadas de aceite de oliva
1 limón verde, tabasco

Realización

Cueza las judías pintas con agua, aromatizada con el manojo de hierbas y la cebolla; escúrralas. Lave el pimiento y el tomate. Corte el pimiento a láminas y el tomate a dados. Pele el aguacate, bátalo con los dientes de ajo, el aceite, el zumo de limón. Sazone con tabasco y sale. Mezcle los vegetales en una ensaladera y aliñe con la salsa. Sírvalo frío.

Nuestro consejo

Las judías pintas en conserva sustituyen muy bien las judías blancas: listas enseguida, son también más tiernas. Sólo tiene que lavarlas antes de servirlas.

Ideas de menú para las judías pintas con pimiento

Tradicional	Vegetariano
• Judías pintas con pimiento	• Judías pintas con pimiento
• Cerdo asado	• Maíz tostado
• Arroz basmati al natural	• Arroz basmati al natural
• Queso blanco con fresones	• Queso blanco con fresones
• Tortas de maíz o pan	• Tortas de maíz o pan

Lentejas al Roquefort

Para 4 personas
Preparación: 10 minutos
Cocción: 15 minutos
Ingredientes
150 g de lentejas verdes
2 zanahorias
1 cebolla
1 manojo de hierbas
1 pera no demasiado madura
80 g de roquefort
1/2 chalote
2 cucharadas de aceite de nuez
1 cucharada de vinagre balsámico o de vinagre de vino

Realización

Lave las lentejas con agua, y luego escúrralas. Pele las zanahorias y la cebolla. Vierta agua en una olla. Añada el manojo de hierbas, una zanahoria y la cebolla, y luego las lentejas. Deje cocer durante 15 minutos con un ligero hervor.

Ralle la otra zanahoria. Pele la pera y córtela a dados. Corte el roquefort a trocitos, sin aplastarlo. Pele el chalote y córtelo muy fino. Mezcle el aceite y el vinagre, salpimente. Disponga en un plato la zanahoria rallada, los dados de pera, el queso y el chalote. Vierta las lentejas escurridas, sazone con la vinagreta y mézclelo. Sirva templado.

Nuestro consejo

Utilice las lentejas cocidas, para ganar tiempo. Basta calentarlas al baño María 10 minutos. Esta receta puede realizarse con judías blancas, o con otros quesos (feta, gruyère…). También se pueden añadir nueces o avellanas tostadas y trituradas.

LAS LEGUMBRES Y LOS FRUTOS SECOS

Ideas de menú para las lentejas al roquefort

Tradicional	Vegetariano
• Lentejas al roquefort	• Lentejas al roquefort
• Filete de merluza a la *meunière*	• Pisto al bulgur
	• Yogur
• Pisto	• Pera
• Yogur	• Pan
• Pera	
• Pan	

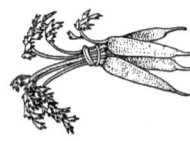

LENTEJAS CON MANZANA Y COL

PARA 4 PERSONAS
PREPARACIÓN: 20 MINUTOS
COCCIÓN: 25 MINUTOS

INGREDIENTES

120 g de lentejas crudas
1 manojo de hierbas
1 cebolla
150 g de col blanca
1 manzana grande
10 g de avellanas
2 cucharadas de aceite de nuez
1 cucharada de café de mostaza
1 cucharada de vinagre de vino

(Continúa)

RECETAS Y MENÚS: LAS LEGUMBRES

Realización

Cueza las lentejas con agua con el manojo de hierbas y la cebolla pelada, y luego escurra. Lave y ralle la col. Lave la manzana y córtela a dados, sin pelarla.

Machaque las avellanas. Disponga las lentejas, la col, los dados de manzana y las avellanas en una ensaladera. Mézclelo con delicadeza. Bata el aceite, el vinagre y la mostaza. Salpimente. Vierta la salsa sobre el preparado y sírvalo.

Nuestro consejo

Este entrante se transforma en plato completo añadiendo unos dados de queso (gruyère, feta...) o de jamón serrano. Conserve las lentejas *al dente* con el fin de que no se aplasten.

Ideas de menú para las lentejas con manzanas y col

Tradicional
- Lentejas con manzanas y col
- Bacalao al vapor
- Espinacas a la crema
- Yogur con miel
- Uva
- Pan

Vegetariano
- Lentejas con manzanas y col
- Bulgur con espinacas y parmesano
- Yogur con miel
- Uva
- Pan

LAS LEGUMBRES Y LOS FRUTOS SECOS

Potajes y sopas

POTAJE CON ALCACHOFAS Y JUDÍAS BLANCAS

PARA 4 PERSONAS
PREPARACIÓN: 20 MINUTOS
COCCIÓN: 30 MINUTOS
INGREDIENTES
200 g de judías blancas en conserva
300 g de tomates muy maduros
1 cebolla
1 diente de ajo
4 fondos de alcachofas congelados
1 cucharada de aceite de oliva
1 cucharada de crema de leche

Realización

Lave y escurra las judías blancas. Lleve a ebullición el agua en una olla, añada los tomates, déjelos hervir cinco minutos, escúrralos y pélelos. Córtelos a dados. Pele la cebolla y el ajo y luego píquelos. Caliente el aceite en una olla, añada la cebolla y el ajo, remueva durante un minuto y vierta los tomates, las judías y los fondos de alcachofa. Cubra con un litro de agua caliente y deje cocer a fuego lento 20 minutos. Mezcle, añada la crema de leche, rectifique de sal y sírvalo.

Nuestro consejo

En verano se puede realizar este potaje con alcachofas y judías frescas. Proceda del mismo modo, pero aumentando el tiempo de cocción unos 20 minutos. Añada pan frito y queso rallado.

RECETAS Y MENÚS: LAS LEGUMBRES

Ideas de menú para el potaje con alcachofas y judías blancas

Tradicional
- Potaje con alcachofas y judías blancas
- Jamón cocido
- Pasta con mantequilla
- Naranja
- Pan

Vegetariano
- Potaje con alcachofas y judías blancas
- Pasta gratinada
- Naranja
- Pan

POTAJE DE CALABAZA Y JUDÍAS BLANCAS

PARA 4 PERSONAS
PREPARACIÓN: 20 MINUTOS
COCCIÓN: 40 MINUTOS
INGREDIENTES
150 g de judías blancas
200 g de calabaza
200 g de zanahorias
200 g de coliflor
1 patata grande
50 g de queso tipo gruyère
2 cucharadas de crema de leche
hinojo

Realización

La víspera, deje en remojo las judías blancas en un bol con agua fría (facultativo).

El mismo día, pele la calabaza, córtela a dados. Pele y lave las zanahorias y la patata. Lave la coliflor y sepárela en ramitos. Caliente un litro y medio de agua con las judías. Deje cocer 15 minutos a partir de su ebullición. Añada los demás vegetales y prosiga la cocción durante 25 minutos. Bata, salpimente. Añada el queso rallado y la crema de leche. Mézclelo bien y sirva con el hinojo.

Nuestro consejo

La zanahoria y la calabaza, excelentes fuentes de carotenos (provitamina A), completan las legumbres que están desprovistas de estos. La crema de leche y el queso pueden ser sustituidos por un poco de leche si se desea un potaje más ligero.

Ideas de menú para el potaje de calabaza y judías blancas

Tradicional	Vegetariano
• Potaje de calabaza y judías blancas	• Potaje de calabaza y judías blancas
• Mejillones a la marinera	• Tarta de espinacas y queso de cabra
• Yogur	• Yogur
• Kiwi	• Kiwi
• Pan	• Pan

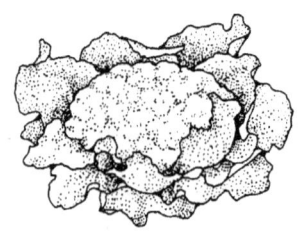

RECETAS Y MENÚS: LAS LEGUMBRES

Potaje de judías blancas con hortalizas

Para 4 personas
Preparación: 20 minutos
Cocción: 50 minutos
Ingredientes
100 g de judías blancas
150 g de zanahorias
1 puerro
1 patata grande
100 g de judías verdes
1 tomate grande, 1 cebolla
1 rama de tomillo
perejil

Realización

El día antes, deje en remojo las judías en un bol de agua fría. El mismo día, pele las zanahorias, la patata y la cebolla. Corte el puerro en sentido vertical y quite las puntas de las judías verdes. Lave las hortalizas con agua fría. Córtelas a trocitos.

Vierta un litro y medio de agua fría en una olla. Añada el tomillo y las judías blancas. Deje cocer 15 minutos a fuego medio. Vierta las hortalizas cortadas: zanahorias, patata, puerro, judías verdes, tomate, cebolla. Deje cocer 35 minutos a fuego suave. Salpimente al final de la cocción. Retire el tomillo, condimente con perejil picado y sirva.

Nuestro consejo

Para obtener un potaje más untuoso, bata la mitad, conserve la otra mitad con los tropezones. Esta sopa queda muy bien con un puñado de arroz (que deberá añadir a media cocción) o con trigo triturado y queso rallado.

LAS LEGUMBRES Y LOS FRUTOS SECOS

Ideas de menú para el potaje de judías blancas con hortalizas

Tradicional	Vegetariano
• Potaje de judías blancas con vegetales	• Potaje de judías blancas con vegetales
• Salmón a la plancha	• Crepes de espinacas
• Espinacas	
• Queso blanco con frambuesas	• Queso blanco con frambuesas
• Pan	• Pan

POTAJE DE JUDÍAS PINTAS CON POLENTA

PARA 4 PERSONAS
PREPARACIÓN: 20 MINUTOS
COCCIÓN: 50 MINUTOS
INGREDIENTES
150 g de judías pintas crudas
1 pimiento rojo
300 g de tomates muy maduros
1 cebolla, 1 diente de ajo
2 cucharadas de aceite de oliva
50 g de polenta (harina de maíz)

Realización

La víspera, deje en remojo las judías pintas en un bol con agua fría. El mismo día, lave el pimiento, retire las semillas y córtelo a pequeños dados. Pele la cebolla y el ajo, píquelos finamente. Lleve a ebullición el agua en una cazuela, ponga los tomates y escáldelos cinco minutos. Escúrralos y pélelos; luego córtelos a dados.

Caliente el aceite en una olla, añada la cebolla, el ajo y el pimiento. Deje dorar 5 minutos removiendo. Añada los tomates, un litro y medio de agua y las judías pintas. Deje cocer 30 minutos a fuego suave. Vierta la polenta en forma de lluvia, removiendo, y deje cocer 10 minutos más. Sirva muy caliente.

Nuestro consejo

Sazone con pimentón y añada otros vegetales (berenjena, calabacín…). Se puede preparar la polenta a parte (cocción con agua hirviendo salada).

Deje enfriar la polenta y córtela a dados, que se añadirán al potaje en el momento de servir. Sirva con tortas de maíz mexicanas.

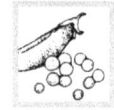

LAS LEGUMBRES Y LOS FRUTOS SECOS

Ideas de menú para el potaje de judías pintas y polenta

Tradicional	Vegetariano
• Potaje de judías pintas y polenta	• Potaje de judías pintas y polenta
• Buey troceado con calabacines	• Verduras salteadas
• Queso blanco	• Queso blanco
• Piña	• Piña
• Pan	• Pan

Sopa de habichuelas a la provenzal

PARA 4 PERSONAS

PREPARACIÓN: 20 MINUTOS

COCCIÓN: 55 MINUTOS

INGREDIENTES

150 g de habichuelas secas

1 patata

1 bulbo pequeño de hinojo

1 calabacín

300 g de tomates muy maduros

4 dientes de ajo, 2 cebollas

2 cucharadas de aceite de oliva

Realización

La víspera, ponga las habichuelas en remojo en un gran bol con agua fría. El mismo día, pele la patata y lávela, así como el hinojo y el calabacín. Píquelos finamente. Lleve

(Continúa)

RECETAS Y MENÚS: LAS LEGUMBRES

una cazuela de agua a ebullición, añada los tomates, escáldelos tres minutos y luego pélelos. Córtelos a dados. Pele las cebollas y el ajo, y luego píquelos.

Vierta un litro de agua en una olla, añada las habichuelas y deje cocer 15 minutos. Agregue el resto de vegetales y deje cocer 35 minutos. Salpimente. Sirva caliente, con un poco de aceite de oliva.

Nuestro consejo

Para ganar tiempo, puede comprar las habichuelas en conserva. Lávelas con agua fría y deje cocer todos los vegetales al mismo tiempo, durante 20 minutos. Para cambiar, añada, en el momento de servir, dos filetes de anchoa en aceite de oliva.

Ideas de menú para la sopa de habichuelas a la provenzal

Tradicional	Vegetariano
• Sopa de habichuelas a la provenzal	• Sopa de habichuelas a la provenzal
• Empanada de carne	• Bandeja de quesos
• Ensalada de lechuga al roquefort	• Ensalada de lechuga al roquefort
• Compota de manzana/pera	• Compota de manzana/pera
• Pan	• Pan

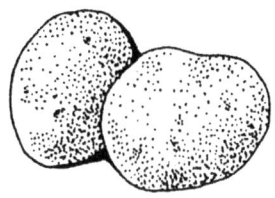

LAS LEGUMBRES Y LOS FRUTOS SECOS

SOPA DE HABICHUELAS CON ARROZ

PARA 4 PERSONAS
PREPARACIÓN: 20 MINUTOS
COCCIÓN: 40 MINUTOS
INGREDIENTES
100 g de habichuelas secas
50 g de arroz
2 pastillas de caldo de verduras
1 zanahoria
2 puerros

Realización

La víspera, ponga las habichuelas en remojo en un gran bol con agua fría.

El mismo día, vierta un litro y medio de agua fría en una olla. Añada las habichuelas y lleve a ebullición.

Agregue el arroz y deje cocer 20 minutos a fuego muy suave.

Durante este tiempo, pele la zanahoria y lávela, así como los puerros.

Pique las verduras en juliana fina e incorpórelas a la olla, con la sopa.

Deje cocer 20 minutos más, rectifique el aderezo (sal, pimienta) y sírvalo.

Nuestro consejo

Se pueden añadir otros vegetales frescos según el propio gusto (calabacines, tomate, nabo...). También es posible enriquecer el potaje con dados de jamón o panceta.

Versión exprés: utilice arroz cocido y habichuelas en conserva. Deje cocer sólo 15 minutos, para que todo quede bien mezclado.

RECETAS Y MENÚS: LAS LEGUMBRES

Ideas de menú para la sopa de habichuelas con arroz completo

Tradicional
- Sopa de habichuelas con arroz completo
- Buey con zanahorias
- Queso gruyère
- Ciruelas
- Pan

Vegetariano
- Sopa de habichuelas con arroz completo
- Tomates y huevos al horno
- Queso gruyère
- Ciruelas
- Pan

SOPA DE GUISANTES SECOS CON JAMÓN

PARA 4 PERSONAS
PREPARACIÓN: 15 MINUTOS
COCCIÓN: 50 MINUTOS
INGREDIENTES
150 g de guisantes secos, crudos
1 patata, 1 zanahoria
1 pastilla de caldo vegetal
1 ramita de tomillo
100 g de jamón ahumado

Realización

Lave los guisantes secos con agua fría y retire las impurezas que puedan contener, y escúrralos. Pele la patata y la zanahoria, lávelas y córtelas a trocitos.

Vierta un litro y medio de agua en una olla. Añada la pastilla de caldo, el tomillo y los guisantes secos. Llévelo a

(Continúa)

LAS LEGUMBRES Y LOS FRUTOS SECOS

ebullición y deje cocer 15 minutos. Añada los dados de zanahoria y de patata y deje cocer aún 30 minutos a fuego suave. Retire el tomillo y bata. Corte el jamón a dados, tras quitarle la grasa. Póngalo en la olla y deje cocer a fuego lento durante 5 minutos. Aderece con pimienta y sirva el plato.

Nuestro consejo

No debe salar, ya que el jamón y el caldo ya están salados. El jamón puede reemplazarse por panceta ahumada, pero el potaje será más graso (puede retirarle una parte de la grasa). Añada pan frito con ajo y un poco de crema de leche antes de servir.

Ideas de menú para la sopa de guisantes secos con jamón

Tradicional	Vegetariano
• Sopa de guisantes secos con jamón	• Sopa de guisantes secos sin jamón
• Ensalada de remolacha	• Ensalada de remolacha
• Queso brie	• Queso brie
• Mandarinas	• Mandarinas
• Pan	• Pan

Sopa de lentejas con zanahorias

Para 4 personas
Preparación: 20 minutos
Cocción: 30 minutos
Ingredientes
150 g de lentejas crudas
300 g de zanahorias
1 patata grande
1 ramita de apio
1 cebolla
2 dientes de ajo
1 ramita de tomillo
perifollo

Realización

Lave las lentejas con agua, quite las impurezas que puedan contener y luego escúrralas. Pele las zanahorias y la patata. Lávelas, así como la ramita de apio. Pele la cebolla y el ajo. Pique todos los vegetales en juliana.

Vierta agua fría en una olla, añada las lentejas y el tomillo. Cuando la mezcla hierva, añada la juliana de vegetales y deje cocer durante unos 30 minutos. Retire el tomillo y salpimente.

Sazone con el perifollo y sirva caliente.

Nuestro consejo

Se puede batir el potaje con la finalidad de hacerlo más untuoso.

Está desprovisto de materia grasa y se le puede añadir una nuez de mantequilla o una cucharada de aceite de oliva en el momento de servir.

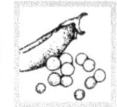# LAS LEGUMBRES Y LOS FRUTOS SECOS

Ideas de menú para la sopa de lentejas con zanahorias

Tradicional	Vegetariano
• Sopa de lentejas con zanahorias	• Sopa de lentejas con zanahorias
• Crema de jamón	• Quiche de queso
• Ensalada	• Ensalada
• Naranja	• Naranja
• Pan	• Pan

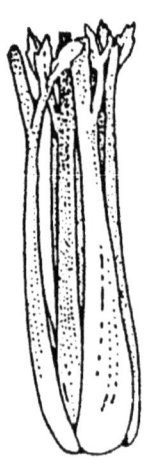

Entrantes calientes y terrinas

CREPES CON JUDÍAS PINTAS

PARA 4 PERSONAS
PREPARACIÓN: 15 MINUTOS
COCCIÓN: 25 MINUTOS
INGREDIENTES
4 tortas de trigo de sarraceno
1 bote de judías pintas (1/2 l)
1 pimiento rojo, 1 cebolla
1 cucharada de aceite de oliva
100 ml de coulis de tomate
o 100 g de tomates pelados
40 g de queso gouda

Realización

Lave las judías pintas y luego escúrralas. Precaliente el grill del horno (temperatura máxima). Lave el pimiento, córtelo a dados, pele la cebolla y píquela.

Caliente el aceite en una sartén antiadherente. Añada el pimiento y la cebolla. Remueva durante 10 minutos. Añada las judías y el tomate, y deje cocer a fuego medio durante 10 minutos. Corte el queso en finas tiras o rállelo.

Extienda las crepes en la mesa de trabajo, reparta la mezcla con las judías y luego enróllelas o pliéguelas en forma de abanico. Disponga las crepes rellenas en una bandeja para el horno. Añada el queso. Póngala al grill durante cinco minutos, el tiempo que tarde en gratinarse.

Nuestro consejo

Puede enriquecer la mezcla con judías con carne (buey o cerdo) picada y salteada en un poco de aceite. Cuente dos

(Continúa)

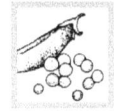

LAS LEGUMBRES Y LOS FRUTOS SECOS

crepes por persona: se realiza así un plato completo, que puede acompañarse con una ensalada verde.

Ideas de menú para las crepes de judías pintas

Tradicional	Vegetariano
• Crepes de judías pintas	• Crepes de judías pintas
• Alas de pollo a la plancha	• Ensalada verde
• Ensalada verde	• Queso manchego
• Helado de frutas de la pasión	• Helado de frutas de la pasión
• Pan	• Pan

ENSALADA DE LENTEJAS VERDINAS CON VIEIRAS

PARA 4 PERSONAS
PREPARACIÓN: 25 MINUTOS
COCCIÓN: 30 MINUTOS
INGREDIENTES
150 g de lentejas verdinas de La Sagra
1 ramito de hierbas
1 zanahoria
1 cebolla
1 ramita de apio
2 cucharadas de vinagre balsámico
1 cucharada de mostaza
2 cucharadas de aceite de nuez
8 vieiras
cebolleta

Realización

Lave las lentejas con agua, retire las impurezas, y luego escúrralas.

Vierta agua en una cazuela, añada las lentejas, el manojo de hierbas y llévelo a ebullición.

Durante ese tiempo, pele la zanahoria y la cebolla. Lave las legumbres. Añádalas a las lentejas y deje cocer 20 minutos a fuego medio. Escurra, retire las hortalizas y reserve las lentejas calientes. Mezcle el vinagre, la mostaza y el aceite. Salpimente y añada la cebolleta cortada. Abra las vieiras. En una sartén antiadherente, untada con aceite y bien caliente, déjelas que se calienten durante dos minutos. Sazone con sal y pimienta. Vierta las lentejas en la fuente de servir, disponga las vieiras por encima y riéguelo con la salsa.

Este plato se sirve templado.

LAS LEGUMBRES Y LOS FRUTOS SECOS

Nuestro consejo

Las vieiras frescas son más adecuadas que las congeladas. Se puede realizar esta receta con almejas, que son menos caras. Su interés nutricional es idéntico.

Ideas de menú para la ensalada de lentejas verdinas con vieiras

Tradicional	Vegetariano
• Ensalada de lentejas verdinas con vieiras	• Ensalada de lentejas verdinas con vieiras
• Pollo asado al horno	• Pasta con brécol
• Judías verdes al vapor	• Queso de oveja
• Queso de oveja	• Cerezas
• Cerezas	• Pan
• Pan	

RECETAS Y MENÚS: LAS LEGUMBRES

Judías pintas con huevos escalfados

Para 4 personas
Preparación: 20 minutos
Cocción: 30 minutos
Ingredientes
1 bote de judías pintas (1/2 l)
200 g de coliflor
4 huevos muy frescos
300 ml de leche
30 g de harina
30 g de margarina
30 g de queso tipo gruyère

Realización

Caliente las judías a fuego muy suave, y luego escúrralas. Lave la coliflor y sepárela en ramitas. Deje cocer 15 minutos al vapor o con agua hirviendo salada, y a continuación escúrrala. Escalfe los huevos 5 minutos con agua hirviendo y vinagre, y manténgalos calientes. Ralle el queso. Funda la margarina, añada la harina. Deje dorar la mezcla removiendo, moje con la leche y cueza 10 minutos removiendo. Salpimente, añada el queso rallado. Vierta las judías en una bandeja caliente. Añada la coliflor, cubra con la salsa y disponga los huevos por encima. Sirva de inmediato.

Nuestro consejo

Esta receta se puede realizar con huevos duros (es más fácil). El plato debe servirse muy caliente: recaliente, si es preciso, las legumbres y la salsa unos instantes en el microondas, o deje el plato en la entrada del horno precalentado (termostato 5), hasta el momento de servir. Los huevos escalfados se mantienen calientes en agua a 55 °C.

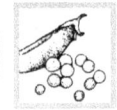

LAS LEGUMBRES Y LOS FRUTOS SECOS

Ideas de menú para las judías pintas con huevos escalfados

Tradicional	Vegetariano
• Judías pintas con huevos escalfados	• Judías pintas con huevos escalfados
• Albóndigas	• Crema de zanahorias
• Crema de zanahorias	• Yogur natural
• Uva	• Uva
• Pan	• Pan

SALTEADO DE MERLUZA CON JUDÍAS BLANCAS

PARA 4 PERSONAS
PREPARACIÓN: 20 MINUTOS
COCCIÓN: 20 MINUTOS
INGREDIENTES
200 g de merluza
30 g de jamón serrano (1 loncha fina)
1 cucharada de aceite de oliva
150 g de champiñones
1 bote de judías blancas
2 dientes de ajo
perejil

(Continúa)

Realización

Corte la merluza y el jamón a dados. Lave los champiñones y luego córtelos. Pele el ajo, píquelo con el perejil. Caliente el aceite en una gran sartén antiadherente.

Añada los champiñones y el jamón. Deje dorar 5 minutos a fuego fuerte. Añada el ajo y el perejil, y luego el pescado. Deje cocer a fuego medio durante 10 minutos, removiendo. Salpimente. Recaliente a fuego muy suave las judías en una cazuela pequeña. Vierta la mezcla en una fuente, y decore con el contenido de la sartén. Sirva caliente.

Nuestro consejo

Esta receta se puede realizar con lentejas. Se pueden servir sobre un lecho de berros, para conseguir así un suplemento de vitamina C, carotenos y vitamina B_9.

Ideas de menú para la merluza con judías blancas
Tradicional
- Salteado de merluza con judías blancas
- Pechinas salteadas y brécol al vapor
- Yogur
- Nectarinas
- Pan

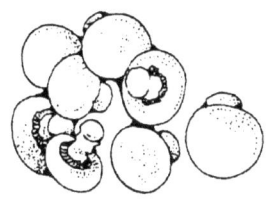

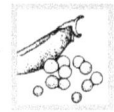

LAS LEGUMBRES Y LOS FRUTOS SECOS

Platos principales

BUEY CON JUDÍAS PINTAS

PARA 4 PERSONAS
PREPARACIÓN: 20 MINUTOS
COCCIÓN: 25 MINUTOS
INGREDIENTES
250 g de buey magro
2 cebollas grandes, 2 dientes de ajo
1 pimiento
300 g de tomates pelados
2 cucharadas de aceite
2 pimientos
1 lata grande de judías pintas

Realización

Pique la carne a grandes trozos (o utilice carne picada). Pele y pique las cebollas y el ajo. Lave el pimiento, córtelo en dos. Quite las semillas. Córtelo a dados. Corte los tomates pelados a dados. Caliente el aceite en una olla de fondo grueso. Añada la cebolla, el ajo y el pimiento. Deje cocer 10 minutos, a fuego medio, removiendo. Añada la carne, deje dorar 5 minutos a fuego vivo, removiendo. Añada los tomates, los pimientos, sazone con sal y pimienta. Deje cocer a fuego suave 10 minutos. Sirva muy caliente.

Nuestro consejo

Este plato seguirá siendo ligero si se escoge carne magra. Se puede realizar con carnes más grasas (lomo de cerdo y buey *bourguignon*), y se parece más al clásico «chile con carne». Las judías pintas son ricas en proteínas, y la cantidad de carne puede disminuirse: 100 g son suficientes para dar sabor al plato.

RECETAS Y MENÚS: LAS LEGUMBRES

Cerdo asado con habichuelas

Para 4 personas
Preparación: 20 minutos
Cocción: 50 minutos
Ingredientes
200 g de habichuelas secas
1 zanahoria
2 cebollas
1 manojo de hierbas
200 g de lomo de cerdo
2 cucharadas de tomillo
1 cucharada de páprika

Realización

La víspera ponga en remojo las habichuelas en una ensaladera con agua fría. El mismo día, pele y lave la zanahoria y las cebollas. Pique una cebolla, reserve la otra entera. Vierta agua en una olla, añada las habichuelas, el manojo de hierbas, la zanahoria y la cebolla entera. Deje cocer 35 minutos a fuego suave. Precaliente el grill. Corte la carne a lengüetas y extiéndalas en una fuente grande.

Sazone con páprika y tomillo. Salpimente. Deje cocer en el horno durante 15 minutos, removiendo a media cocción. La carne debe estar bien hecha. Cuando las habichuelas estén cocidas, escúrralas y retire las hortalizas.

Vierta las habichuelas en una fuente para el horno. Salpimente. Disponga por encima la carne, riegue con el jugo de la cocción y mantenga caliente hasta el momento de servir.

Nuestro consejo

Este plato ya contiene materias grasas de la propia cocción; se puede añadir un poco de aceite de oliva en el mo-

(Continúa)

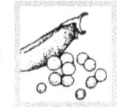

LAS LEGUMBRES Y LOS FRUTOS SECOS

mento de servir. Para cambiar, utilice buey (salteado para evitar que se seque).

Ideas de menú para el cerdo asado con habichuelas
Tradicional
- Cerdo con habichuelas
- Mousse de salmón
- Queso tipo cabrales
- Pera
- Pan

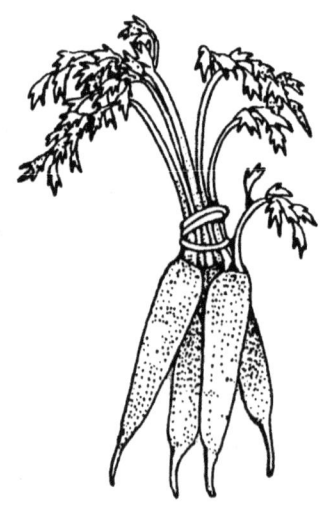

Cuscús con pollo

Para 4 personas
Preparación: 30 minutos
Cocción: 55 minutos
Ingredientes
2 zanahorias
1 calabacín
1 berenjena
1 pimiento
1 puerro
1 cebolla
1 ramita de tomillo
especias para el cuscús
100 g de judías verdes
4 muslos de pollo
150 g de sémola
200 g de garbanzos cocidos
salsa picante harissa

Realización

Pele las zanahorias y la cebolla. Lave todas las hortalizas y luego córtelas a trocitos. Vierta el agua en una olla, añada los muslos de pollo y deje cocer 5 minutos a fuego vivo. Vierta las hortalizas a trocitos y la mezcla de especias para cuscús. Sazone. Deje cocer a fuego suave 35 minutos. Cubra la sémola con agua hirviendo y déjela cocer al vapor 10 a 15 minutos. Caliente los garbanzos y sirva los tres platos por separado, acompañados de salsa picante harissa.

Nuestro consejo

Las proteínas de los garbanzos y de la sémola se complementan. Por ello no es necesario el consumo de carne para los que no lo deseen.

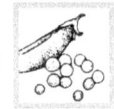

LAS LEGUMBRES Y LOS FRUTOS SECOS

Ideas de menú para el cuscús de pollo

Tradicional	Vegetariano
• Ensalada de tomates	• Ensalada de tomates
• Cuscús con pollo	• Cuscús con hortalizas
• Crema	• Crema
• Pan	• Pan

CURRY DE LENTEJAS

PARA 4 PERSONAS
PREPARACIÓN: 20 MINUTOS
COCCIÓN: 55 MINUTOS
INGREDIENTES
*200 g de lentejas verdinas
o naranjas, crudas*
1 manojo de hierbas
1 cebolla
2 dientes de ajo
2 patatas
1 pimiento verde
1 cucharada de aceite de oliva
2 cucharadas de curry suave

Realización

Lave las lentejas con agua, retire las impurezas y escúrralas. Vierta agua en una olla, añada las lentejas y el manojo de hierbas. Deje cocer 10 minutos a fuego lento.

Escurra y retire el manojo de hierbas. Durante ese tiempo, pele la cebolla y el ajo, y luego píquelos. Pele las patatas, lávelas y córtelas en dados. Lave el pimiento y

(Continúa)

RECETAS Y MENÚS: LAS LEGUMBRES

córtelo a dados, tras quitar las semillas. Caliente el aceite en una olla. Añada el ajo, la cebolla, las patatas y el pimiento. Deje cocer durante 10 minutos, removiendo. Sazone con curry y añada las lentejas. Cubra de agua y deje cocer 35 minutos a fuego muy suave. Añada agua durante la cocción si es necesario. Sirva muy caliente.

Nuestro consejo

Las judías y los garbanzos se preparan también de ese modo. El plato es todavía mejor si se recalienta: no dude en prepararlo con antelación y en cantidad importante. Las lentejas naranjas se venden en tiendas de productos exóticos.

Ideas de menú para el curry de lentejas

Tradicional	Vegetariano
• Buñuelos de cebolla y ensalada verde	• Buñuelos de cebolla y ensalada verde
• Brocheta de pollo	• Curry de lentejas
• Curry de lentejas	• Arroz basmati con anacardo
• Leche fermentada a la menta fresca	• Leche fermentada a la menta fresca
• Pan	• Pan

193

LAS LEGUMBRES Y LOS FRUTOS SECOS

FONDOS DE ALCACHOFAS CON HABICHUELAS

PARA 4 PERSONAS
PREPARACIÓN: 10 MINUTOS
COCCIÓN: 20 MINUTOS
INGREDIENTES
4 fondos de alcachofas en conserva
200 g de habichuelas en conserva
100 g de espárragos pequeños en conserva
1 loncha de jamón
2 chalotes
2 cucharadas de margarina vegetal

Realización

Escurra los fondos de alcachofa, las habichuelas y los espárragos. Lávelos con agua fría. Pele y pique los chalotes. Lave el perejil y píquelo. Desgrase el jamón y píquelo. Funda la margarina en una olla de fondo grueso. Añada los chalotes picados y deje dorar 5 minutos, removiendo. Disponga los fondos de alcachofas por encima; luego reparta, en cada fondo, las habichuelas, el jamón picado y los espárragos; decore con perejil. Moje con medio vaso de agua o de caldo y deje cocer 15 minutos a fuego suave. Sirva caliente.

Nuestro consejo

Este plato es todavía más decorativo cuando se realiza con hortalizas enanas (alcachofas y espárragos). Se puede sustituir el jamón por otra carne: unas sobras de buey cocido, pollo asado o filete de cerdo. La alcachofa (que contiene inulina, un glúcido muy fermentable) y las habichuelas pueden provocar flatulencias: no deben consumirse en gran cantidad.

RECETAS Y MENÚS: LAS LEGUMBRES

Ideas de menú para los fondos de alcachofas con habichuelas

Tradicional
- Apio en vinagreta
- Pulpetas de salmón
- Fondo de alcachofas con habichuelas
- Crema a la vainilla
- Pan

Vegetariano
- Apio en vinagreta
- Fondo de alcachofas con habichuelas
- Crema a la vainilla
- Pan

LAS LEGUMBRES Y LOS FRUTOS SECOS

GARBANZOS AL COMINO Y CON CHICHARRONES

PARA 4 PERSONAS
PREPARACIÓN: 15 MINUTOS
COCCIÓN: 25 MINUTOS
INGREDIENTES
1 lata grande de garbanzos (1 l)
100 g de chicharrones ahumados
1 cebolla
2 cucharadas de aceite de oliva
1 cucharadita de granos de comino
perejil

Realización

Lave los garbanzos con agua fría, y luego escúrralos. Pele la cebolla y córtela.

Caliente el aceite en una olla, añada la cebolla y los chicharrones.

Deje cocer durante 10 minutos, a fuego muy suave, removiendo.

Añada los garbanzos cuando la cebolla esté bien dorada. Moje con medio vaso de agua, y después condimente con comino.

Deje cocer 10 a 15 minutos. Sirva caliente o frío, decorado con perejil.

Nuestro consejo

También se pueden utilizar garbanzos secos. Déjelos en remojo la noche anterior con agua fresca. Cuézalos al día siguiente en agua aromatizada con un manojo de hierbas, durante 1 hora 30 minutos. Siga luego la receta precedente. El comino, además de su sabor particular, estimula las funciones digestivas.

Ideas de menú para los garbanzos con comino

Tradicional	Vegetariano
• Ensalada de col blanca	• Ensalada de col blanca con feta
• Asado de pavo	
• Garbanzos con comino y chicharrones	• Garbanzos con comino (sin chicharrones)
• Ciruelas	• Ciruelas
• Pan	• Pan

HABAS A LA SAL

PARA 4 PERSONAS
PREPARACIÓN: 10 MINUTOS
COCCIÓN: SIN COCCIÓN
INGREDIENTES
1 kg de habas frescas
sal común o sal de Guerande
pan rústico
mantequilla

Realización

Desvaine las habas y dispóngalas en una fuente. Tueste el pan en rebanadas finas y sirva con sal y mantequilla.

Variante: en lugar de la mantequilla, emulsione con aceite de oliva dos cucharadas de zumo de limón, menta y cebolleta picada. Vierta en un pequeño bol y deje en el frigorífico durante 1 hora. Unte el pan, como si fuera mantequilla. Escoja para esta receta habas tiernas y muy frescas, y consúmalas el día de la compra.

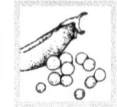

LAS LEGUMBRES Y LOS FRUTOS SECOS

Nuestro consejo

Las habas pueden hervirse 5 minutos al vapor, y luego dejarse enfriar. Así son más digestivas, ya que tienen una ligera cocción. Quite la piel que rodea las semillas antes de consumirlas.

Ideas de menú para las habas a la sal

Tradicional	Vegetariano
• Plato de pescados ahumados	• Potaje de cebada
• Habas a la sal	• Habas a la sal
• Tomates-cerezas	• Tomates-cerezas
• Melocotón	• Melocotón
• Pan	• Pan

HABICHUELAS CON AVELLANAS DE CORDERO

PARA 4 PERSONAS
PREPARACIÓN: 20 MINUTOS
COCCIÓN: 40 MINUTOS
INGREDIENTES
200 g de habichuelas crudas
1 manojo de hierbas
1 zanahoria
1 cebolla
200 g de avellanas de cordero
2 diente de ajo
perejil

(Continúa)

RECETAS Y MENÚS: LAS LEGUMBRES

Realización

La víspera deje las habichuelas en remojo en un bol con agua fría. El mismo día, pele la zanahoria y la cebolla. Vierta agua fría en una olla, añada las habichuelas, el manojo de hierbas, la zanahoria y la cebolla. Deje cocer 30 minutos a partir de la ebullición. Escurra, retire las hortalizas. Corte la carne a dados. Caliente una sartén antiadherente. Añada los dados de cordero y deje cocer 5 minutos removiendo a fuego vivo. Reserve la carne en un plato. Vierta en la sartén las habichuelas, añada las dos cucharadas soperas de agua, el ajo y el perejil picados, sazone con sal y pimienta. Caliente 5 minutos, añada la carne y remueva. Sirva rápidamente.

Nuestro consejo

Esta receta limita la cantidad de carne consumida y deja paso a las legumbres. Se pueden añadir judías verdes, si se desea un plato menos energético y más digestivo: incorpórelas al final de la cocción o sírvalas aparte.

Ideas de menú para las habichuelas con avellanas de cordero

Tradicional
- Espárragos a la vinagreta
- Habichuelas con avellanas de cordero
- Queso blanco con frutas del bosque
- Pan

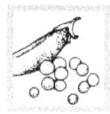

LAS LEGUMBRES Y LOS FRUTOS SECOS

Judías blancas a la paisana

Para 4 personas
Preparación: 20 minutos
Cocción: 50 minutos
Ingredientes
200 g de judías blancas crudas
1 manojo de hierbas
100 g de jamón ahumado
1 zanahoria, 1 cebolla
1 cucharada de aceite de girasol
perejil

Realización

Ponga las judías en remojo la víspera en un gran bol con agua fría. El mismo día, vierta agua en una olla. Añada el manojo de hierbas y las judías, y deje cocer 20 minutos. Escurra y retire el manojo de hierbas. Corte el jamón a dados tras quitarle la grasa. Pele la zanahoria y la cebolla. Píquelas finamente. Caliente el aceite en una olla con un fondo grueso. Añada el jamón, la cebolla y las zanahorias picadas. Deje cocer durante 10 minutos removiendo. Añada las judías, vierta 3 vasos de agua, sazone con sal, pimienta y deje cocer a fuego suave durante 20 minutos. Sirva muy caliente, sazone con sal y perejil picado.

Nuestro consejo

Aumente la cantidad de jamón, según sus gustos, o mezcle el jamón con chicharrones. Pero, en ese caso, el plato será más graso y más calórico. Se pueden añadir algunos picatostes con ajo: le dará un toque crujiente muy agradable a esta receta.

RECETAS Y MENÚS: LAS LEGUMBRES

Ideas de menú para las judías blancas a la paisana

Tradicional
- Ensalada de rábanos negros
- Morcilla a la plancha
- Judías blancas a la paisana
- Queso de cabra
- Manzana al horno
- Pan

Vegetariano
- Ensalada de rábanos negros
- Judías blancas a la paisana (sin jamón)
- Queso de cabra
- Manzana al horno
- Pan

LENTEJAS A LA BOLOÑESA

PARA 4 PERSONAS
PREPARACIÓN: 25 MINUTOS
COCCIÓN: 35 MINUTOS
INGREDIENTES
1 cebolla
1 ramita de apio
1 zanahoria pequeña
perejil, albahaca
100 g de buey magro
100 g de jamón
2 cucharadas de aceite de oliva
400 g de tomates pelados
queso parmesano
1 lata grande de lentejas (1 l)

Realización

Pele la cebolla y la zanahoria. Lave el apio y las hierbas (un puñado). Corte la cebolla, la zanahoria, el apio y las hier-

(Continúa)

bas muy finamente, con el robot de cocina. Pique, aparte, la carne y el jamón. Caliente el aceite en una sartén.

Añada la carne y el jamón, y cuézalos a fuego fuerte, removiendo, durante 5 minutos. Añada las hortalizas y deje cocer 10 minutos a fuego medio, removiendo. Vierta los tomates cortados a dados y deje cocer 15 minutos a fuego suave. Lave y escurra las lentejas, añádalas al preparado precedente, deje calentar 5 minutos y sirva con queso parmesano.

Nuestro consejo

Las lentejas, ricas en proteínas y en hierro, sustituyen aquí la pasta de la receta clásica. El hierro que contienen se asimila mejor, debido a la presencia de carne.

Si dispone de bastante tiempo, deje cocer las lentejas secas en un caldo aromatizado con tomillo y laurel: el plato resulta todavía más sabroso.

Ideas de menú para las lentejas a la boloñesa

Tradicional	Vegetariano
• Ensalada de pepino y yogur	• Ensalada de pepino y yogur
• Lentejas a la boloñesa	• Lentejas al tofu (misma receta)
• Queso de cabra	• Queso de cabra
• Ciruelas	• Ciruelas
• Pan	• Pan

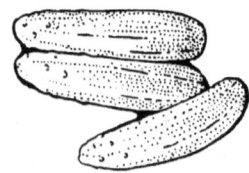

Patatas salteadas con judías pintas y champiñones

Para 4 personas
Preparación: 25 minutos
Cocción: 35 minutos
Ingredientes
400 g de patatas
150 g de judías pintas cocidas
250 g de champiñones
2 cucharadas de aceite de girasol
2 dientes de ajo
perejil

Realización

Pele las patatas, lávelas y córtelas a dados. Lave las judías con agua fría y escúrralas. Lave los champiñones, quíteles el pie arenoso y córtelos.

Caliente una cucharada de aceite en una sartén, añada los champiñones, cuézalos 10 minutos a fuego fuerte, removiendo. Resérvelos en un plato. Vierta el resto del aceite en la sartén, añada las patatas, y déjelas dorar 20 minutos a fuego suave, removiendo. Vierta, a media cocción, medio vaso de agua. Cuando las patatas estén cocidas, añada los champiñones y las judías. Deje calentar 5 minutos. Sazone con ajo y perejil picados. Sale, aderece con pimienta y sirva.

Nuestro consejo

Si las patatas son pequeñas, córtelas en dos o cuatro. Esta receta puede realizarse con habichuelas o lentejas. Para aligerarla, aumente la proporción de hortalizas frescas: añada más champiñones, calabacines o brécol.

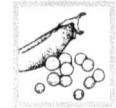

LAS LEGUMBRES Y LOS FRUTOS SECOS

Ideas de menú para las patatas salteadas con judías pintas

Tradicional	Vegetariano
• Ensalada de endibias con nuez	• Ensalada de endibias con nuez
• Costilla de cerdo	• Patatas salteadas con judías pintas y champiñones
• Patatas salteadas con judías pintas y champiñones	
• Plátano	• Plátano
• Pan	• Pan

PATO CON HABICHUELAS

PARA 4 PERSONAS

PREPARACIÓN: 15 MINUTOS

COCCIÓN: 1 HORA 10 MINUTOS

INGREDIENTES

160 g de habichuelas secas

1 manojo de hierbas

1 zanahoria

1 cebolla

2 naranjas sanguinas no tratadas

4 muslos de pato

Realización

La víspera, ponga las habichuelas en remojo en un bol con agua fría. El mismo día, pele la zanahoria y la cebolla, y

(Continúa)

luego lávelas. Pase una naranja por agua muy caliente, séquela y ralle la piel, con el fin de obtener dos cucharadas de cáscara. Vierta agua en una olla, añada las judías, el manojo de hierbas, la cebolla y la ralladura de naranja. Lleve a ebullición y deje cocer 40 minutos a fuego lento.

Durante ese tiempo, precaliente el horno al termostato 7 (210 °C). Disponga los muslos de pato en una fuente para horno. Sazone con sal y pimienta y deje cocer 15 minutos. Exprima las naranjas. Retire la grasa del fondo de la fuente que contiene los muslos y añada el zumo de naranja. Vuelva a poner en el horno durante 15 minutos al termostato 5. Escurra las habichuelas, retire las verduras y hierbas aromáticas, y vierta sobre el plato. Disponga el pato por encima y sirva.

Nuestro consejo

Esta receta se puede realizar con pollo o pavo, que son carnes menos grasas.

El pato es rico en ácidos grasos monoinsaturados, aconsejados para prevenir enfermedades cardiovasculares.

Ideas de menú para el pato con habichuelas
Tradicional
- Ensalada de champiñones
- Pato con habichuelas
- Queso tipo manchego
- Mousse de limón
- Pan

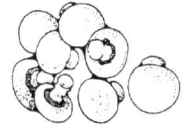

LAS LEGUMBRES Y LOS FRUTOS SECOS

PRIMAVERA DE HABICHUELAS

PARA 4 PERSONAS
PREPARACIÓN: 25 MINUTOS
COCCIÓN: 50 MINUTOS
INGREDIENTES
150 g de habichuelas secas
1 manojo de hierbas
150 g de zanahorias
150 g de nabos
150 g de guisantes frescos
200 g de patatas nuevas
2 cucharadas de aceite de oliva
1 limón, perifollo

Realización

La víspera ponga las habichuelas en remojo con agua fría. El mismo día, vierta agua fría en una olla, añada las habichuelas y el manojo de hierbas. Deje cocer 35 minutos a fuego lento y escurra. Pele las zanahorias, los nabos y las patatas y luego páselo todo por agua. Desgrane los guisantes. Lleve una gran cantidad de agua a ebullición en una vaporera. Corte las zanahorias, los nabos y las patatas a dados. Cuézalos con los guisantes al vapor durante 10 minutos. Añada las habichuelas escurridas y deje cocer durante 5 minutos. Mantenga caliente hasta el momento de servir.

    Mezcle el aceite con el zumo de limón, salpimente y decore con el perifollo. Vierta las legumbres en la fuente de servicio y riegue con la salsa. Sirva de inmediato.

Nuestro consejo

La combinación de hortalizas tiernas (zanahorias, nabos...) y habichuelas permite que las personas sensibles (personas mayores, niños) toleren mejor las legumbres.

(Continúa)

RECETAS Y MENÚS: LAS LEGUMBRES

El aceite de oliva, rico en ácidos grasos monoinsaturados, puede ser sustituido por aceite de nuez que es rico en ácidos grasos poliinsaturados.

Ideas de menú para la primavera de habichuelas

Tradicional
- Ensalada de tomates y aguacate
- Brocheta de cordero
- Primavera de habichuelas
- Queso tipo camembert
- Pan

Vegetariano
- Ensalada de pasta con atún
- Primavera de habichuelas
- Queso tipo camembert
- Pan

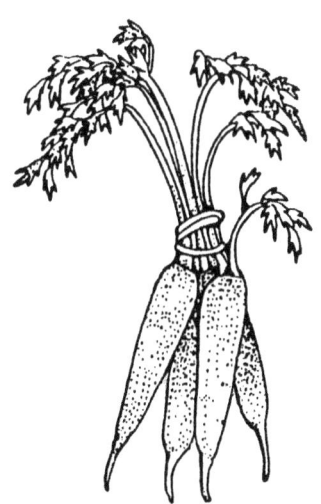

LAS LEGUMBRES Y LOS FRUTOS SECOS

Puré de guisantes secos con cebollas caramelizadas

Para 4 personas
Preparación: 20 minutos
Cocción: 40 minutos
Ingredientes
200 g de guisantes secos, crudos
1 manojo de hierbas
2 cucharadas de crema de leche
150 g de cebollas
2 cucharadas de margarina
2 cucharadas de miel

Realización

Lave los guisantes con agua fría y retire las impurezas que puedan contener. Escúrralos. Cuézalos 25 minutos en agua con el manojo de hierbas. Escurra, retire el manojo de hierbas y reduzca a puré con la ayuda del molinillo de legumbres. Sazone con sal, pimienta y añada la crema de leche. Disponga el puré en forma de cúpula en la fuente de servir y manténgalo caliente (en el horno medio o al baño María). Pele las cebollas, píquelas. Funda la margarina en una sartén antiadherente grande. Añada las cebollas, dórelas a fuego medio, removiendo durante 10 minutos. Vierta la miel, deje caramelizar 5 minutos a fuego fuerte y vierta sobre el puré. Sirva de inmediato.

Nuestro consejo

Los guisantes secos son ricos en proteínas; así, este plato puede ser consumido solo, sin carne o equivalente. Un producto lácteo basta para completar el aporte de proteínas animales de la comida. Las cebollas deben dorarse y estar crujientes para que el plato sea original.

RECETAS Y MENÚS: LAS LEGUMBRES

Ideas de menú para el puré de guisantes secos con cebollas caramelizadas

Tradicional
- Pepino a la vinagreta
- Jamón cocido
- Puré de guisantes secos con cebollas caramelizadas
- Queso munster
- Naranja
- Pan

Vegetariano
- Ensalada de trigo triturado y pepinos a la vinagreta
- Puré de guisantes secos con cebollas caramelizadas
- Queso munster
- Naranja
- Pan

Puré de judías blancas gratinado

Para 4 personas
Preparación: 20 minutos
Cocción: 1 h

Ingredientes

150 g de judías blancas secas
1 zanahoria
1 cebolla
1 patata grande
1 manojo de hierbas
100 g de queso tipo manchego

Realización

La víspera ponga en remojo las judías en una pequeña ensaladera con agua fría.

(Continúa)

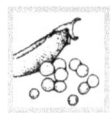

LAS LEGUMBRES Y LOS FRUTOS SECOS

El mismo día, pele la zanahoria, la cebolla y la patata, y luego lávelas.

Vierta agua fría en una olla, añada las judías, la zanahoria, la cebolla y el manojo de hierbas. Deje cocer 35 minutos, añada entonces la patata cortada en cuatro y deje cocer 15 minutos más.

Precaliente el horno al termostato 8 (240 °C). Corte el queso en finas láminas (no hace falta quitar la piel). Escurra el potaje, y páselo por el pasapurés, tras apartar el manojo de hierbas.

Vierta el puré en una fuente para horno. Disponga el queso por encima y deje gratinar durante 10 minutos en el horno caliente.

Nuestro consejo

Las habichuelas y las lentejas sirven también para esta receta.

El queso puede ser sustituido por otros: emmental, gruyère, cabra, brie, munster... Acompañado por una ensalada de crudités, este plato completo basta para una comida rápida, ya que se puede preparar el puré con antelación y calentarlo en el momento de comer.

Ideas de menú para el puré de judías blancas gratinado

Tradicional	Vegetariano
• Jamón ahumado	• Huevos al plato
• Puré de judías blancas gratinado	• Puré de judías blancas gratinado
• Ensalada de escarola	• Compota de manzana y ciruelas pasas
• Compota de manzanas y ciruelas pasas	• Pan
• Pan	

Puré de lentejas con hinojo

Para 4 personas
Preparación: 20 minutos
Cocción: 30 minutos
Ingredientes
150 g de lentejas verdinas o rubias, crudas
1 zanahoria
1 cebolla
1 bulbo de hinojo, 1 manojo de hierbas
200 g de patata
2 cucharadas de crema de leche fresca espesa
perejil

Realización

Pase las lentejas por agua y retire las impurezas. Pele la zanahoria y la cebolla, y luego lávelas. Retire las hojas externas del hinojo, lávelo y córtelo. Pele y lave las patatas. Vierta agua en una olla, añada la cebolla, el manojo de hierbas, la zanahoria y las lentejas. Lleve a ebullición. Deje cocer 15 minutos a fuego lento, añada las patatas y el hinojo cortado. Deje cocer 15 minutos más. Escurra las legumbres, retire el manojo de hierbas, la zanahoria y la cebolla. Pase las lentejas, las patatas y el hinojo por el pasapurés. Añada la crema de leche, sazone con sal y pimienta. Sirva caliente, decorado con perejil.

Nuestro consejo

Añada un poco de leche si el puré es demasiado espeso o, por el contrario, una o dos cucharadas soperas de copos de puré de patata si la mezcla es demasiado líquida. Puede acompañar este puré con rebanadas de pan rústico tostado. El hinojo puede ser sustituido por apio.

LAS LEGUMBRES Y LOS FRUTOS SECOS

Ideas de menú para el puré de lentejas con hinojo

Tradicional	Vegetariano
• Concha de salmón	• Ensalada de arroz completo con tomate
• Puré de lentejas con hinojo	• Puré de lentejas con hinojo
• Queso époisse	• Queso époisse
• Piña	• Piña
• Pan	• Pan

RECETAS Y MENÚS: LAS LEGUMBRES

RISSOTO CON GARBANZOS

PARA 4 PERSONAS
PREPARACIÓN: 20 MINUTOS
COCCIÓN: 40 MINUTOS
INGREDIENTES
160 g de arroz integral
1 cebolla grande
2 cucharadas de aceite de oliva
1 pimiento verde
1 pastilla de caldo vegetal
150 g de garbanzos en conserva
queso parmesano rallado

Realización

Deje el arroz en remojo en un bol con agua fría durante la preparación de las hortalizas. Pele la cebolla y píquela finamente. Lave el pimiento, córtelo en dos, quite las semillas y córtelo en finas tiras. Caliente el aceite en una cazuela. Añada la cebolla y el pimiento. Deje dorar 10 minutos a fuego suave, removiendo. Añada el arroz escurrido, cuatro vasos de agua caliente y el caldo.

Deje cocer 20 minutos. Añada los garbanzos y continúe la cocción durante 10 minutos. Añada agua, si es preciso, durante la cocción. Sirva caliente, con parmesano.

Nuestro consejo

El tiempo de cocción disminuye si se utiliza arroz blanco (20 minutos en total). El plato será menos rico en fibras y minerales (hierro y magnesio), ya que el arroz blanco contiene mucho menos que el arroz integral. Si se digieren mal los pimientos, se pueden sustituir por tomates o asarlos previamente y quitarles la fina película que los cubre. Entonces serán más ligeros, pero este trabajo es un poco fastidioso (calcule 30 minutos más para realizar la receta).

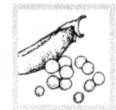

LAS LEGUMBRES Y LOS FRUTOS SECOS

Ideas de menú para el risotto con garbanzos

Tradicional	Vegetariano
• Caviar de berenjenas	• Caviar de berenjenas
• Risotto con garbanzos	• Risotto con garbanzos
• Filete de pescadilla al horno	• Queso de cabra fresco
• Pera	• Pera
• Pan	• Pan

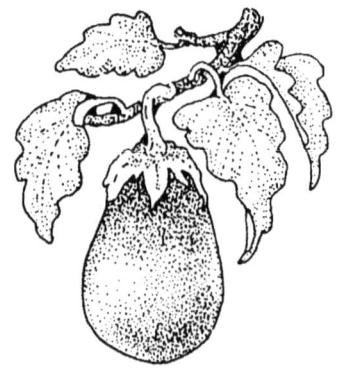

Soja con fideos chinos

Para 4 personas
Preparación: 20 minutos
Cocción: 50 minutos
Ingredientes
100 g de semillas de soja
1 cebolla
1 zanahoria
1 cubo de caldo vegetal
2 cucharadas de salsa de soja
2 briznas de cilantro fresco
100 g de fideos chinos o pasta
algunos champiñones negros deshidratados
100 g de pollo
1 cucharada de margarina

Realización

La víspera, ponga en remojo las semillas de soja en un bol con agua fría.

El mismo día, pele la cebolla y la zanahoria; luego píquelas. Caliente agua en una olla. Añada la soja, la cebolla y la zanahoria, el caldo vegetal, una cucharada de salsa de soja y el cilantro. Llévelo a ebullición y déjelo cocer 40 minutos.

Durante ese tiempo, haga cocer (o rehidratar, según el producto) los fideos. Disponga los champiñones en un bol y cúbralos con agua caliente. Corte el pollo en tiras muy finas y cuézalo con la margarina. Vierta en una sartén las semillas de soja cocidas y escurridas, los fideos, el pollo y los champiñones negros cortados. Caliente a fuego fuerte durante 5 minutos removiendo.

Sazone con una cucharada de salsa de soja y sirva muy caliente.

LAS LEGUMBRES Y LOS FRUTOS SECOS

Nuestro consejo

Se puede completar este plato con verduras crudas o cocidas (saltéelas antes de incorporar al resto de ingredientes). Las semillas de soja tardan en cocerse; remójelas con agua para disminuir el tiempo de cocción (serán más tiernas). Utilice indiferentemente soja negra o verde para esta receta.

Ideas de menú para la soja con fideos chinos

Tradicional	Vegetariano
• *Nems* de gambas	• *Nems* de gambas
• Buey al saté (mezcla de especias)	• Soja con fideos chinos
• Soja con fideos chinos	• Lichis
• Lichis	

Tagliatelle con lentejas

Para 4 personas
Preparación: 10 minutos
Cocción: 20 minutos
Ingredientes
200 g de lentejas cocidas
150 g de tomates pelados
1 cucharada de aceite de oliva
1 diente de ajo
200 g de tagliatelle frescos
2 cucharadas de crema de leche
perejil

Realización

Escurra las lentejas, ya sean en conserva o hechas en casa. Corte los tomates pelados a dados. Caliente el aceite en una sartén. Añada el diente de ajo entero y pelado. Dore unos instantes sin dejar que se coloree demasiado, y luego retire el diente.

Añada los tomates y las lentejas. Deje cocer a fuego medio 10 minutos.

Lleve a ebullición una gran cantidad de agua salada en una cazuela. Añada la pasta y deje cocer el tiempo indicado en el paquete (5 a 10 min). Escurra, disponga en la fuente de servicio. Vierta la crema en las lentejas con el tomate, mezcle y vierta sobre la pasta. Sírvalo muy caliente, decorado con perejil.

Nuestro consejo

Esta receta permite gastar un resto de lentejas cocidas, o bien utilizar las lentejas en conserva o cocidas. Las proteínas de la pasta complementan las de las lentejas. Su combinación evita la presencia de carne en la comida.

Recetas y menús: las frutas secas y los oleaginosos

Platos salados

BULGUR CON DÁTILES Y AVELLANAS

PARA 4 PERSONAS
PREPARACIÓN: 15 MINUTOS
COCCIÓN: 35 MINUTOS

INGREDIENTES
150 g de bulgur completo precocinado
1 cubo de caldo vegetal
50 g de dátiles
50 g de avellanas
100 g de col verde
2 cucharadas de aceite de oliva

Realización

Cocer el bulgur en agua hirviendo con caldo, de 10 a 20 minutos, según las indicaciones del envase, y luego escurrir. Corte los dátiles a trocitos, tras quitarles el hueso. Deje tostar las avellanas en una sartén caliente, sin materia grasa, durante 5 minutos, removiendo. Píquelas. Lave la col, córtela en finas tiras y deje cocer 10 minutos al va-

(Continúa)

RECETAS Y MENÚS: LAS FRUTAS SECAS Y LOS OLEAGINOSOS

por. Mezcle el bulgur, la col, los dátiles y las avellanas. Rectifique el condimento, riegue con el aceite y sirva.

Nuestro consejo

Cueza la col para conservar al máximo la vitamina C. Favorece la asimilación del hierro contenido en los frutos secos. Modifique las proporciones de col y de bulgur para lograr un plato menos energético, si lo desea.

Ideas de menú para el bulgur con dátiles y avellanas

Tradicional	Vegetariano
• Ensalada de zanahorias a la vinagreta	• Ensalada de zanahorias con queso tipo gruyère
• Pollo asado	• Bulgur con dátiles
• Bulgur con dátiles	• Huevos con leche
• Huevos con leche	• Pan
• Pan	

CALABACINES CON PASAS

PARA 4 PERSONAS
PREPARACIÓN: 10 MINUTOS
+ 1 H EN EL FRIGORÍFICO
COCCIÓN: 10 MINUTOS
INGREDIENTES
800 g de calabacines jóvenes
50 g de pasas
1 limón
2 cucharadas de aceite de oliva
2 cucharadas de semillas de sésamo
2 briznas de menta

(Continúa)

Realización

Lave los calabacines y luego córtelos a finas rodajas. Dispóngalos en una olla pequeña con las pasas, el zumo de limón, el aceite de oliva. Deje hervir 10 minutos removiendo y vierta en una ensaladera. Sazone con sal y pimienta. Deje dorar las semillas de sésamo en una sartén antiadherente caliente. Añádalas a los calabacines. Aderece con menta cortada y deje marinar de 1 a 2 h en el frigorífico.

Nuestro consejo

Un plato muy ligero en calorías, que se puede enriquecer con lonchas de patatas al vapor. Los calabacines así preparados acompañan los pescados y las carnes a la plancha. Los pequeños (12 cm) no necesitan una cocción muy larga; hay que prolongarla unos minutos si son más grandes.

Ideas de menú para los calabacines con pasas

Tradicional	Vegetariano
• Ensalada *niçoise*	• Ensalada de judías blancas con apio
• Conejo con champiñones	
• Calabacines con pasas	• Calabacines con pasas
• Queso de leche de cabra cruda	• Queso de leche de cabra cruda
• Melocotón	• Melocotón
• Pan	• Pan

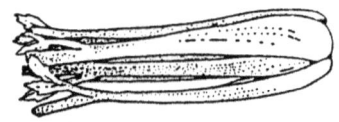

Codornices con pasas

Para 4 personas
Preparación: 20 minutos
Cocción: 30 minutos
Ingredientes
4 codornices
30 g de avellanas
50 g de pasas
2 cucharadas de brandy
2 manzanas
2 chalotes
1 cucharada de aceite

Realización

Sazone con pimienta y sal el interior de las codornices. Pele las avellanas. Reparta las pasas y las avellanas entre las codornices. Pele las manzanas y córtelas a dados, tras despepitarlas. Pele y pique los chalotes. Caliente el aceite en una olla de fondo grueso. Fría las codornices por todas sus caras, durante 5 minutos. Añada los chalotes, deje dorar 5 minutos más. Añada el brandy, flamee y disponga las manzanas alrededor de las codornices. Cubra y deje cocer 20 minutos a fuego muy suave. Reduzca la salsa unos instantes a fuego vivo, si es demasiado líquida. Sirva con un puré de verduras o de patata.

Nuestro consejo

Calcule dos codornices por persona, si son muy pequeñas. Sustitúyalas, para cambiar, por una pintada. Las pasas, las avellanas y las codornices son ricas en hierro: este plato es muy beneficioso para la mujer, cuyas necesidades de este elemento son elevadas, y para las personas con anemia.

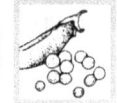

LAS LEGUMBRES Y LOS FRUTOS SECOS

Ideas de menú para las codornices con pasas
Tradicional
- Zanahorias ralladas
- Codornices con pasas
- Puré de hinojo
- Queso gouda
- Mandarinas
- Pan

ENSALADA DE MOLLEJAS CON ANACARDOS

PARA 4 PERSONAS
PREPARACIÓN: 20 MINUTOS
COCCIÓN: 5 MINUTOS
INGREDIENTES
150 g de mollejas confitadas
150 g de lechuga
12 tomates pequeños y redondos
1 manzana ácida pequeña (Granny-Smith)
50 g de anacardos
1 cucharada de café de vinagre
1 cucharada de aceite de nuez o de oliva
2 cucharadas de vinagre de sidra
mostaza

Realización

Caliente a fuego muy suave las mollejas (5 minutos). Córtelas a trocitos y resérvelas calientes. Lave y escurra la le-

(Continúa)

RECETAS Y MENÚS: LAS FRUTAS SECAS Y LOS OLEAGINOSOS

chuga. Lave los tomates y córtelos en dos. Corte la manzana en finas lonchas sin pelarla. Triture los anacardos. Mezcle la mostaza, el aceite y el vinagre. Sale y sazone con pimienta. Disponga en cada plato un lecho de ensalada. Reparta los tomates, las lonchas de manzana y los anacardos. Añada las mollejas cortadas templadas y aderece con la vinagreta. Sirva de inmediato.

Nuestro consejo

Una ensalada rica en elementos minerales, que se puede enriquecer aún más con algunos brotes de espinacas. Las mollejas pueden ser sustituidas por gambas o dados de salmón ahumado.

Ideas de menú para la ensalada de mollejas con anacardos

Tradicional	Vegetariano
• Ensalada de mollejas con anacardos	• Ensalada de salmón con anacardos
• Huevos escalfados	• Puré gratinado
• Puré	• Queso tipo azul
• Queso tipo azul	• Manzana al horno
• Manzana al horno	

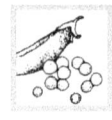

LAS LEGUMBRES Y LOS FRUTOS SECOS

ESCALOPES DE TERNERA CON PLÁTANO

PARA 4 PERSONAS
PREPARACIÓN: 15 MINUTOS
COCCIÓN: 30 MINUTOS
INGREDIENTES
1 cebolla pequeña
2 cucharadas de margarina
4 escalopes de ternera de 100 g
2 plátanos secos
1 cucharada de curry
100 g de tomates pelados

Realización

Pele la cebolla y a continuación píquela. Funda la margarina en una sartén antiadherente.

Añada la cebolla y déjela dorar 5 minutos, removiendo. Resérvela en un plato. Ponga la carne en la sartén, deje dorar 2 minutos a fuego vivo de cada lado, y luego resérvela.

Vuelva a poner las cebollas en la sartén, añada los plátanos cortados a trocitos, el curry y los tomates pelados cortados a dados.

Deje cocer 15 minutos a fuego suave, con una tapadera. Ponga de nuevo la carne en la sartén, deje calentar 5 minutos y sirva.

Nuestro consejo

El plátano seco, muy aromático, da mucho sabor a este plato. Muy rico en minerales y en potasio, estimula la eliminación renal, evitando la retención hidrosodada en el organismo.

Esta receta puede realizarse con merluza.

RECETAS Y MENÚS: LAS FRUTAS SECAS Y LOS OLEAGINOSOS

Ideas de menú para los escalopes de ternera con plátano

Tradicional
- Láminas de bacalao
- Escalope de ternera con plátano
- Ensalada verde
- Papaya
- Pan

Vegetariano
- Tarta de cebolla del país (cebolleta)
- Merluza con plátano
- Ensalada verde
- Papaya
- Pan

Merluza con nueces

PARA 4 PERSONAS
PREPARACIÓN: 10 MINUTOS
COCCIÓN: 20 MINUTOS
INGREDIENTES
400 g de merluza
1 cucharada de aceite de oliva
2 cucharadas de vino blanco
1 cucharada de hojas de tomillo fresco
100 g de nueces
3 cucharadas de crema de leche

Realización

Lave la merluza con agua y luego séquela. Quite los fragmentos de escamas, si es preciso. Úntela con aceite de oliva con un pincel. Sale, sazone con pimienta, aderece con las hojas de tomillo. Caliente una olla de fondo grueso. Disponga el pescado dentro, riegue con vino y deje cocer a fuego suave 10 minutos, dando la vuelta a la merluza a media cocción. Mezcle las nueces con la crema de leche.

(Continúa)

Vierta esa mezcla en el pescado y continúe la cocción durante 10 minutos. Sirva caliente.

Nuestro consejo

Se pueden sustituir las nueces por avellanas o piñones. Tuéstelos unos instantes en una sartén caliente, sin materia grasa, antes de batirlos con la crema de leche.

Las nueces son ricas en materias grasas poliinsaturadas, beneficiosas para el sistema cardiovascular, pero también en vitamina E, fibras y minerales.

Ideas de menú para la merluza con nueces

Tradicional
- Gambas grises
- Merluza con nueces
- Espinacas con crema
- Arroz con leche
- Fresas al natural
- Pan

RECETAS Y MENÚS: LAS FRUTAS SECAS Y LOS OLEAGINOSOS

PATO CON HIGOS

PARA 4 PERSONAS
PREPARACIÓN: 15 MINUTOS
COCCIÓN: 25 MINUTOS
INGREDIENTES
2 *magrets de pato*
10 *higos secos*
3 *chalotes*
1 *cucharada de aceite*
3 *cucharadas de vino blanco*
1 *cucharada de miel*
1 *cucharada de vinagre de frambuesa*

Realización

Recorte la piel de los magrets. Ponga los higos en remojo en un bol con agua tibia. Pele y pique los chalotes. Caliente una sartén antiadherente.

Añada la carne, con el lado de la piel en el fondo de la sartén. Deje dorar a fuego vivo 3 minutos por cada lado; reserve la carne en un plato. Vacíe la grasa de la sartén, seque con un papel absorbente. Vierta el aceite en la sartén, añada los chalotes, deje cocer a fuego suave durante 5 minutos, removiendo. Vierta el vino, la miel y el vinagre. Escurra los higos, córtelos en cuatro e incorpórelos a la sartén. Deje cocer a fuego suave 5 minutos. Agregue la carne y prosiga la cocción de 5 a 10 minutos más. Sirva caliente, con trigo triturado, arroz basmati, espinacas, nabos o brécol.

Nuestro consejo

Durante la temporada, mezcle los higos secos y frescos, su sabor es diferente y da al plato un toque más afrutado. Esta receta se puede realizar con orejones: escójalos bien carnosos y dejarlos en remojo con agua templada, como los higos.

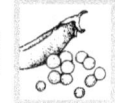 **LAS LEGUMBRES Y LOS FRUTOS SECOS**

Ideas de menú para el pato con higos
Tradicional
- Ensalada de queso de cabra
- Pato con higos
- Nabitos estofados
- Grosellas con azúcar
- Pan

Pintada con albaricoques

Para 4 personas
Preparación: 20 minutos
Cocción: 45 minutos
Ingredientes
1 pintada de granja
1 loncha de jamón dulce
100 g de albaricoques secos
2 lonchas de miga de pan
2 chalotes
1 huevo pequeño
1 pizca de hojas de tomillo

(Continúa)

Realización

Sazone con sal y pimienta el interior de la pintada. Precaliente el horno con el termostato 6 (180 °C). Corte el pan a trocitos, pele los chalotes. Ponga el jamón, los albaricoques, el pan y los chalotes en el recipiente de la batidora. Píquelo todo. Líe el relleno con el huevo. Añada el tomillo y mézclelo. Rellene la pintada con esta mezcla y deje cocer en el horno durante 45 minutos. Riegue durante la cocción con el jugo que se produzca. Sirva la pintada cortada a trocitos, acompañada con el relleno cortado a lonchas.

Nuestro consejo

La pintada también puede cocerse en una olla cerrada, en el horno.

Estará menos crujiente, pero más tierna. Los albaricoques secos se encuentran entre los alimentos más ricos en carotenos.

Esta sustancia, que el organismo transforma en vitamina A, es un potente antioxidante que previene el envejecimiento prematuro de las células. Una parte se destruye durante la cocción.

Ideas de menú para la pintada con albaricoques
Tradicional
- Fondos de alcachofa a la vinagreta
- Pintada con albaricoques
- Arroz pilaf
- Queso de oveja
- Pasas
- Pan

LAS LEGUMBRES Y LOS FRUTOS SECOS

Salteado de buey con ciruelas pasas

Para 4 personas
Preparación: 15 minutos
Cocción: 15 minutos
Ingredientes
300 g de buey a dados
1 cucharada de salsa de soja
2 chalotes
120 g de ciruelas pasas
1 bulbo de hinojo pequeño
2 cucharadas de aceite de girasol
2 ramitas de cilantro

Realización

Corte el buey en tiras finas. Dispóngalo en un plato y sazone con la salsa de soja. Pele y pique las chalotes. Quite el hueso de las ciruelas y córtelas a dados. Lave el hinojo, quite las hojas duras y reserve el centro tierno. Córtelo en dos a lo alto y píquelo a lo ancho. Caliente la mitad del aceite en una sartén.

Añada el hinojo y los chalotes. Deje dorar, a fuego medio, removiendo, durante 10 minutos.

Reserve las hortalizas en un plato. Vierta el resto del aceite en la sartén. Añada la carne, deje dorar a fuego vivo durante 5 minutos, removiendo. Sale, ponga pimienta, añada las ciruelas y las hortalizas. Decore con el cilantro y sirva.

Nuestro consejo

Saltee rápidamente el buey para que se mantenga rosado: será más tierno y más rico en vitaminas. El hinojo, muy rico en vitaminas y minerales (hierro), debe utilizarse con regularidad. Incluso consumido en pequeña cantidad,

(Continúa)

contribuye a cubrir nuestras necesidades de micronutrientes. Esta receta puede realizarse con atún fresco.

Ideas de menú para el salteado de buey con ciruelas pasas

Tradicional
- Rábano negro a la vinagreta
- Salteado de buey con ciruelas pasas
- Tagliatelle
- Queso brie
- Manzana al horno
- Pan

Vegetariano
- Rábano negro a la vinagreta
- Atún fresco con ciruelas pasas
- Tagliatelle
- Queso brie
- Manzana al horno
- Pan

TOSTADAS CON QUESO Y ALMENDRAS

PARA 4 PERSONAS
PREPARACIÓN: 15 MINUTOS
COCCIÓN: 5 MINUTOS
INGREDIENTES
4 rebanadas grandes de pan rústico
200 g de queso blanco en encella
1 chalote pequeño
50 g de almendras tostadas y saladas

Realización

Tueste el pan y manténgalo caliente. Quite el queso del molde tras escurrirlo. Pele y pique el chalote muy fino.

(Continúa)

LAS LEGUMBRES Y LOS FRUTOS SECOS

Mezcle el queso blanco y el chalote. Sazone con pimienta y sale. Triture las almendras en una batidora o píquelas. Unte el pan tibio con el queso bien fresco, decore con las almendras y tómelo enseguida.

Nuestro consejo

Estas tostadas pueden servirse acompañadas de una ensalada, como entrante o como plato principal, en una comida ligera. Cortadas en cuadraditos, se servirán también en el aperitivo, que seguirá siendo ligero y equilibrado. Las almendras, gracias a su contenido de ácidos grasos insaturados y de minerales, son beneficiosas para los adultos y los niños.

Ideas de menú para las tostadas con queso y almendras

Tradicional	Vegetariano
• Tostadas con queso y almendras	• Potaje de puerros
• Jamón dulce	• Tostadas con queso y almendras
• Ensalada de lechuga	• Ensalada de lechuga
• Papillote de plátano y mango	• Papillote de plátano y mango

RECETAS Y MENÚS: LAS FRUTAS SECAS Y LOS OLEAGINOSOS

TRUCHA CON ALMENDRAS

PARA 4 PERSONAS
PREPARACIÓN: 10 MINUTOS
COCCIÓN: 20 MINUTOS
INGREDIENTES
4 truchas, 2 cucharadas de harina
100 g de almendras en tiras
1 cucharada de margarina
2 cucharadas de crema de leche

Realización

Vacíe las truchas, lávelas con agua fría y luego séquelas con papel absorbente. Rebócelas con harina. Dore las almendras en una sartén caliente 5 minutos, removiendo y vigilando que no se quemen. Deje fundir la margarina en una sartén antiadherente. Ponga las truchas en la sartén, fríalas durante 8 minutos de cada lado, sale y sazone con pimienta. Resérvelas en un plato caliente.

Nuestro consejo

La trucha es rica en vitamina B_{12}, indispensable para la síntesis de los glóbulos rojos. En efecto, basta consumir sólo 50 g de trucha para cubrir nuestras necesidades diarias de esta vitamina.

Ideas de menú para la trucha con almendras
Tradicional
- Ensalada de cardos
- Trucha con almendras
- Arroz criollo
- Queso blanco con coulis de albaricoque

LAS LEGUMBRES Y LOS FRUTOS SECOS

Platos dulces

BOMBONES DE CHOCOLATE CON FRUTOS SECOS

PARA 4 PERSONAS
PREPARACIÓN: 40 MINUTOS
+ 3 H DE REPOSO
COCCIÓN: 10 MINUTOS

INGREDIENTES
150 g de chocolate negro
rico en cacao (50 a 75 %)
3 cucharadas de leche
40 g de avellanas
40 g de almendras
40 g de nueces
3 orejones
40 g de pasas rubias
50 g de nueces o almendras en polvo

Realización

Parta el chocolate a trozos y dispóngalo en un cazo con la leche. Deje fundir al baño María, a fuego suave, durante 5 minutos, sin remover, o utilice el microondas (1 m 30 s). Tueste en una sartén antiadherente las avellanas y las almendras durante 5 minutos, removiendo. Macháquelas junto con las nueces. Corte los orejones a trocitos, del tamaño de las pasas. Vierta en el chocolate fundido todos los frutos secos y mezcle. Deje que la mezcla ligue en un lugar fresco durante al menos 3 horas.

Moldee los bombones del tamaño de una avellana grande, enróllelos en el polvo de almendra y dispóngalos en una fuente. Esos bombones se conservan en el frigorífico en una caja hermética durante 3 o 4 días.

RECETAS Y MENÚS: LAS FRUTAS SECAS Y LOS OLEAGINOSOS

Nuestro consejo

Muy energéticos, esos bombones también son ricos en minerales. Deben consumirse cuando aparece el cansancio, en invierno, ya que aportan hierro, magnesio, potasio y calcio en gran cantidad.

Ideas de menú para los bombones de chocolate con frutos secos

Tradicional
- Ensalada verde
- Vieiras salteadas
- Verduras salteadas
- Macedonia de fruta
- Bombones de chocolate con frutos secos
- Pan

Vegetariano
- Quiche de queso
- Verduras salteadas
- Macedonia de fruta
- Bombones de chocolate con frutos secos
- Pan

COMPOTA DE CIRUELAS PASAS CON ALMENDRAS

PARA 4 PERSONAS
PREPARACIÓN: 15 MINUTOS
COCCIÓN: 20 MINUTOS
INGREDIENTES
250 g de ciruelas pasas grandes
1/2 vaso de vino tinto
1 limón no tratado
1 rama de vainilla
1 pizca de canela
50 g de almendras enteras

(Continúa)

LAS LEGUMBRES Y LOS FRUTOS SECOS

Realización

Deshuese las ciruelas. Dispóngalas en un cazo. Añada el vino y medio vaso de agua. Lleve a ebullición a fuego muy suave. Lave el limón con agua caliente y séquelo. Corte dos trocitos de piel, con la ayuda de un cuchillo de cocina. Exprima la mitad del limón y vierta el zumo en el cazo con las ciruelas. Añada también la piel, la rama de vainilla hendida en dos y la canela. Deje cocer a fuego muy suave 15 minutos, y luego retire la piel y la vainilla. Disponga las almendras en una sartén antiadherente caliente. Deje tostar 5 minutos, removiendo. Deje enfriar las almendras, quíteles la película que las rodea y separe las dos partes de la almendra. Vierta la compota tibia en las copas, reparta las almendras y sirva templado o fresco.

Nuestro consejo

Realice la misma receta con albaricoques o higos, vino blanco y avellanas.

Esta compota puede batirse antes de añadir las almendras; su eficacia sobre el tránsito intestinal se mantendrá. Sirva con yogures o queso blanco para aumentar el aporte de fibras de los menús.

Ideas de menú para la compota de ciruelas pasas con almendras

Tradicional	Vegetariano
• Escarola a la vinagreta	• Escarola a la vinagreta y huevo escalfado
• Filete de pollo gratinado con queso	• Patatas al horno
• Patatas al horno	
• Compota de ciruelas con almendras	• Compota de ciruelas con almendras

Confitura de frutos secos

Para 4 personas
Preparación: 20 minutos + remojo (la víspera)
Cocción: 30 minutos
Ingredientes
250 g de ciruelas pasas
150 g de higos
150 g de orejones
150 g de dátiles
150 g de azúcar
50 g de avellanas
50 g de almendras

Realización

La víspera, ponga las ciruelas, los higos y los orejones en remojo con té tibio. El mismo día, escurra los frutos y córtelos a dados, tras deshuesarlos. Corte también a trocitos los dátiles deshuesados. Vierta todos los frutos secos en un cazo, añada el azúcar y medio vaso de agua. Deje cocer 30 minutos a fuego suave, removiendo. Vigile que la confitura no se pegue y añada agua, si es preciso. Triture las almendras y las avellanas e incorpórelas a la confitura. Ponga en un bote la mezcla hirviendo y cierre herméticamente. Esta confitura se conserva varios meses.

Nuestro consejo

La confitura de frutos secos es un verdadero concentrado de minerales, pero sobre todo de fibras. Tiene pues una acción marcada sobre el tránsito intestinal y se desaconseja a los intestinos sensibles. Evite también dar grandes cantidades a los niños, cuya mucosa intestinal es mucho más frágil que la de los adultos.

LAS LEGUMBRES Y LOS FRUTOS SECOS

Ideas de menú para la confitura de frutos secos

Tradicional	Vegetariano
• Gazpacho	• Gazpacho
• Trucha con almendras	• Risotto con lentejas
• Arroz criollo	• Queso blanco
• Queso blanco	• Confitura de frutos secos
• Confitura de frutos secos	• Pan
• Pan	

CREMA DE CIRUELAS PASAS

PARA 4 PERSONAS
PREPARACIÓN: 15 MINUTOS
+ 15 MINUTOS DE REPOSO
COCCIÓN: 10 MINUTOS
INGREDIENTES
400 ml de leche semidesnatada
40 g de harina, 30 g de azúcar
2 huevos
1 rama de vainilla
100 g de ciruelas deshuesadas

Realización

Lleve la leche a ebullición con la rama de vainilla hendida en dos. Cubra y deje en infusión 15 minutos. Retire la vainilla. Mezcle el azúcar y los huevos con una batidora manual. Vierta la harina, luego la leche caliente. Mezcle bien y ponga la crema en el fuego. Deje cocer 10 minutos a partir de la ebullición. Bata la crema con las ciruelas.

RECETAS Y MENÚS: LAS FRUTAS SECAS Y LOS OLEAGINOSOS

Nuestro consejo

La crema puede servirse con galletas. Eso enriquece el postre en energía. Bien batido, este preparado es casi una mousse, y no se sospecha que su aporte energético sea elevado. Este postre se adapta a las personas mayores gracias a su aporte de calcio y fibras.

Ideas de menú para la crema de ciruelas

Tradicional
- Aguacate con gambas y crudités
- Cazuelita de salmonetes
- Patatas al vapor
- Crema de ciruelas
- Pan

Vegetariano
- Aguacate con gambas y crudités
- Salteado de verduras y patatas al vapor
- Crema de ciruelas
- Pan

CREPES DE PASAS

PARA 4 PERSONAS
PREPARACIÓN: 10 MINUTOS
+ PASTA DE LAS CREPES
COCCIÓN: 5 MINUTOS
+ COCCIÓN DE LAS CREPES

INGREDIENTES
8 crepes pequeñas
1 pera de agua grande
(Mantecosa Hardy o Passe-Crassane)
zumo de limón
50 g de pasas
20 g de azúcar, 20 g de mantequilla

(Continúa)

LAS LEGUMBRES Y LOS FRUTOS SECOS

Realización

Mantenga las crepes calientes, en un plato colocado en una cazuela que contenga agua caliente. Pele la pera y córtela en finas láminas. Vierta a continuación un poco de zumo de limón sobre la pera y déjela fundir con la mantequilla caliente. Mezcle la pera con las pasas y el azúcar. Decore cada crepe con la mezcla de peras, ciérrelas en forma de bolsa con la ayuda de rafia y sirva caliente.

Nuestro consejo

Para lograr un postre más sabroso, acompañe con salsa de chocolate o helado de vainilla. Las crepes son un postre apreciado por los niños, que permite mejorar su consumo de calcio. La presencia de pasas aumenta dicho aporte.

Ideas de menú para las crepes de pasas

Tradicional	Vegetariano
• Ensalada de apio con limón	• Ensalada de apio con limón
• Pintada asada	
• Jardinera de verduras	• Jardinera de verduras con habichuelas
• Crepe de pasas	
• Pan	• Yogur natural
	• Crepe de pasas
	• Pan

Flan con ciruelas pasas

Para 4 personas
Preparación: 20 minutos
Cocción: 30 minutos
Ingredientes
200 g de ciruelas pasas grandes
300 ml de leche
75 g de harina
40 g de azúcar
3 huevos
1/2 sobre de levadura
10 g de margarina

Realización

Precaliente el horno al termostato 5 (150 °C). Corte las ciruelas en dos y deshuéselas. Mezcle la harina, la leche, el azúcar, los huevos y la levadura, batiendo la masa con la batidora manual. Engrase un plato con la mitad de la margarina.

Reparta las ciruelas en el plato. Vierta la pasta por encima y reparta la margarina restante, cortada en forma de nueces. Deje cocer en el horno durante unos 30 minutos aproximadamente.

Sirva templado o frío.

Nuestro consejo

Añada avellanas machacadas o nueces pacana: enriquecerá la mezcla de fibras, minerales y ácidos grasos insaturados.

Consumir el flan en el desayuno es una excelente costumbre para todos los que padecen problemas de tránsito intestinal, ya que las ciruelas tienen un efecto laxante pero no irritante.

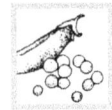

LAS LEGUMBRES Y LOS FRUTOS SECOS

Ideas de menú para el flan con ciruelas

Tradicional	Vegetariano
• Sopa de tomate y albahaca	• Sopa de tomate y albahaca
• Ensalada de buey cocido y lechuga	• Polenta con coulis de tomate
• Flan con ciruelas	• Ensalada verde
• Pan	• Flan con ciruelas
	• Pan

Hojaldre de manzana y ciruelas pasas

Para 4 personas
Preparación: 25 minutos
Cocción: 40 minutos
Ingredientes
200 g de pasta de hojaldre
300 g de manzanas de agua (Reineta, etc.)
10 g de margarina
100 g de ciruelas pasas
1 bolsita de azúcar de vainilla

Realización

Precaliente el horno al termostato 7 (210 °C). Extienda la pasta de hojaldre muy finamente y córtela en dos rectángulos iguales (30 ∞ 20 cm). Dispóngalos en una tabla de

(Continúa)

RECETAS Y MENÚS: LAS FRUTAS SECAS Y LOS OLEAGINOSOS

pastelería y póngalos en el frigorífico. Pele las manzanas, córtelas a lonchas muy finas. Saltéelas en la sartén con la margarina, durante unos 10 minutos, el tiempo que tarden en colorearse. Deje templar. Corte las ciruelas a trocitos, tras retirar los huesos. Disponga las manzanas en el centro de uno de los rectángulos de la pasta de hojaldre. Reparta las ciruelas por encima y cubra el segundo rectángulo de pasta. Una los bordes con la ayuda de un poco de agua. Unte la superficie con un pincel húmedo, sazone con azúcar y ponga en el horno.

Deje cocer 30 minutos, disminuya la intensidad a media cocción (termostato 5) y cubra con una hoja de papel de aluminio si la superficie está demasiado tostada.

Nuestro consejo

Para un postre menos graso y más rico en fibra, realice el hojaldre con una pasta de harina completa y no pele las manzanas. Se pueden añadir pasas y avellanas, lo que aumenta el aporte final de fibras vegetales.

Ideas de menú para el hojaldre con manzanas y ciruelas pasas

Tradicional
- Juliana al vapor
- Calabacines salteados
- Ensalada verde y queso de Abondance
- Hojaldre con manzanas y ciruelas
- Pan

Vegetariano
- Crepes con champiñones
- Calabacines salteados
- Ensalada verde y queso de Abondance
- Hojaldre con manzanas y ciruelas
- Pan

LAS LEGUMBRES Y LOS FRUTOS SECOS

MACEDONIA CON FRUTOS SECOS

PARA 4 PERSONAS
PREPARACIÓN: 25 MINUTOS
+ 2 H DE REPOSO
COCCIÓN: NO NECESITA

INGREDIENTES
1 *manzana*
1 *kiwi*, 1 *naranja*
1 *rodaja de piña*
2 *orejones*
2 *ciruelas pasas*
3 *dátiles*
1 *puñado de avellanas sin cáscara*
1 *bolsita de azúcar de vainilla*

Realización

Pele la manzana y el kiwi, y córtelos a dados. Exprima la naranja, corte la piña a dados. Ponga las frutas y el zumo en una ensaladera. Añada el azúcar de vainilla. Corte los orejones a trocitos. Deshuese las ciruelas y los dátiles y córtelos a dados. Triture las avellanas. Mezcle bien todo y deje reposar 2 h. Sirva fresco con galletas o queso blanco.

Nuestro consejo

Esta receta se realiza del mismo modo con frutas de verano (melocotón, albaricoque, melón…) y todos los frutos secos. Todas las variantes son posibles y existe sólo un imperativo: añada bastante zumo de fruta para que se rehidraten.

La ventaja nutricional de mezclar frutos secos y fruta fresca es obtener un aporte correcto de vitamina C (frutas crudas), aprovechando la mineralidad elevada de los frutos secos. Ambos tipos se complementan.

RECETAS Y MENÚS: LAS FRUTAS SECAS Y LOS OLEAGINOSOS

Ideas de menú para la macedonia con frutos secos

Tradicional
- Potaje de lentejas
- Brocheta de cordero asada
- Brécol al vapor
- Macedonia con frutos secos
- Pan

Vegetariano
- Potaje de lentejas
- Brécol al vapor
- Queso de Cantal
- Pan de especias
- Macedonia con frutos secos
- Pan

Polvorón de pasas

Para 4 personas
Preparación: 35 minutos + 1 h de reposo
Cocción: 10 minutos
Ingredientes
200 g de harina
50 g de polvo de almendra
1 cucharada de café de levadura química
100 g de margarina vegetal
70 g de azúcar
50 g de pasas de Málaga
1 huevo

(Continúa)

LAS LEGUMBRES Y LOS FRUTOS SECOS

Realización

Precaliente el horno al termostato 5 (150 °C). Mezcle la harina, el polvo de almendra, la levadura y una pizca de sal. Agregue la margarina cortada a trocitos, el azúcar y las pasas. Ligue con el huevo entero, trabajando la pasta. Forme una bola y deje reposar 1 hora en el frigorífico. Extienda la pasta en la mesa de trabajo y corte las galletas con un cuchillo puntiagudo (en rombos, por ejemplo). Deje cocer las galletas en una fuente de pastelería antiadherente durante 10 minutos. Deje enfriar y guarde en una caja hermética.

Nuestro consejo

La margarina sustituye a la mantequilla para lograr un mayor aporte de ácidos grasos poliinsaturados. Estas galletas pueden servirse como postre, pero también en la merienda o el desayuno; es una manera de enriquecer la primera comida del día con elementos indispensables: energía, pero sobre todo minerales y fibras.

Ideas de menú para el polvorón con pasas

Tradicional	Vegetariano
• Ensalada de espinacas	• Ensalada de espinacas
• Asado de ternera al romero	• Berenjenas asadas y arroz criollo
• Pisto	
• Yogur búlgaro	• Yogur búlgaro
• Polvorón de pasas	• Polvorón de pasas
• Pan	• Pan

Sémola
con dátiles y pasas

Para 4 personas
Preparación: 10 minutos + 15 minutos de reposo
Cocción: 10 minutos
Ingredientes
400 ml de leche semidesnatada
1 rama de vainilla
40 g de sémola fina
25 g de azúcar de caña
40 g de dátiles
30 g de pasas

Realización

Caliente la leche en un cazo con la vainilla hendida en dos. Lleve a ebullición, cubra y deje en infusión 15 minutos.

Rasque el interior de la vaina para recuperar las semillas, y lleve de nuevo a ebullición. Vierta la sémola como si fuera lluvia, y cueza 10 minutos, sin dejar de remover. Añada el azúcar al final de la cocción y deje templar. Corte los dátiles a trocitos tras deshuesarlos. Añada los dátiles y las pasas en la sémola templada y mezcle. Sirva templado, o deje en el frigorífico hasta que se enfríe.

Nuestro consejo

La sémola con leche, postre rico en calcio, se enriquece más en minerales gracias a los frutos secos. Es un postre aconsejado para los niños, que consumen leche y calcio sin darse cuenta. La sémola de leche es también deliciosa si se le añade fruta; así se aprovecha su contenido de vitamina C.

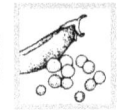

LAS LEGUMBRES Y LOS FRUTOS SECOS

Ideas de menú para la sémola con dátiles y pasas

Tradicional	Vegetariano
• Ensalada de zanahorias y col blanca	• Ensalada de zanahorias y col blanca
• Bistec picado con coulis de tomate	• Judías verdes y habichuelas con perejil
• Judías verdes al vapor	• Queso brie
• Sémola con dátiles y pasas	• Sémola con dátiles y pasas
• Pan	• Pan

Tarta con albaricoques y pistachos

Para 4 personas
Preparación: 20 minutos
Cocción: 35 minutos

Ingredientes

200 g de pasta quebrada
800 g de albaricoques frescos
100 g de pistachos tostados no salados
20 g de azúcar de vainilla
20 g de mantequilla molida
20 g de harina

Realización

Extienda la pasta y decore un molde de tarta de 24 cm de diámetro. Pique la pasta con un tenedor y ponga el molde en el frigorífico.

(Continúa)

RECETAS Y MENÚS: LAS FRUTAS SECAS Y LOS OLEAGINOSOS

Precaliente el horno al termostato 6 (180 °C).

Lave los albaricoques, córtelos en dos y quíteles el hueso. Decore la pasta con las mitades de albaricoques, con el lado abombado hacia la pasta, apretando bien.

Mezcle los pistachos con el azúcar, la mantequilla y la harina. Reparta la mezcla sobre las frutas y deje cocer 35 minutos con el horno caliente. Sirva templado o frío.

Nuestro consejo

Si no encuentra pistachos no salados, compre pistachos para el aperitivo, lávelos con agua templada y séquelos en el horno, a una temperatura suave. El resultado de esta mezcla de albaricoques y pistachos es una tarta rica en fibras y estimulante del tránsito intestinal.

Ideas de menú para la tarta con albaricoques y pistachos

Tradicional	Vegetariano
• Melón	• Melón
• Escalope de ternera	• Tortilla de hierbas
• Judías verdes con perejil	• Judías verdes y patatas con perejil
• Tarta con albaricoques y pistachos	• Tarta con albaricoques y pistachos
• Pan	• Pan

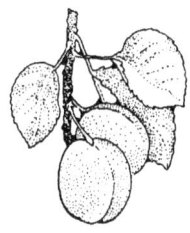

249

LAS LEGUMBRES Y LOS FRUTOS SECOS

Tarta con dátiles y ciruelas pasas

Para 4 personas
Preparación: 20 minutos
Cocción: 35 minutos

Ingredientes

150 g de harina
1 bolsita de levadura
60 g de azúcar
100 g de aceite
100 g de queso blanco
3 huevos
1 pizca de canela
75 g de nueces sin cáscara
75 g de dátiles, 75 g de ciruelas

Realización

Precaliente el horno al termostato 5 (150 °C). Mezcle la harina y la levadura. Añada una pizca de sal, el azúcar, el aceite, el queso blanco y los huevos enteros. Mezcle bien, con la ayuda de una espátula, con el fin de obtener una pasta homogénea. Deshuese los dátiles y las ciruelas, luego córtelos a dados. Añada a la pasta la canela, las nueces, los dátiles y las ciruelas. Vierta la mezcla en un molde y deje cocer 35 minutos a horno medio. Deje templar y desmolde. Sirva frío.

Nuestro consejo

Cuanto más rica es la tarta en frutos secos y oleaginosos, más minerales y fibras contiene. Se puede, por lo tanto, si se desea, aumentar las cantidades.

Esta tarta puede servirse en el desayuno: es energética y rica en micronutrientes indispensables.

RECETAS Y MENÚS: LAS FRUTAS SECAS Y LOS OLEAGINOSOS

Ideas de menú para la tarta con dátiles y ciruelas pasas

Tradicional
- Crema de pepino
- Tomates rellenos
- Tarta con dátiles y ciruelas pasas
- Pan

Vegetariano
- Crema de pepino
- Arroz completo con tomate
- Tarta con dátiles y ciruelas pasas
- Pan

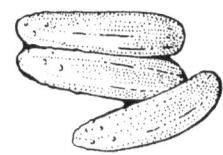

TARTA CON PLÁTANO Y COCO

PARA 4 PERSONAS
PREPARACIÓN: 15 MINUTOS
COCCIÓN: 40 MINUTOS
INGREDIENTES
200 g de harina
1 bolsa de levadura
3 huevos
100 g de margarina fundida
50 g de azúcar, 50 g de plátano seco

Realización

Precaliente el horno al termostato 5 (150 °C). Vierta la harina, añada la levadura y mezcle la masa. Rompa los huevos en el centro, añada la margarina, el azúcar y la nuez de coco. Mezcle hasta obtener una pasta sin grumos.

(Continúa)

LAS LEGUMBRES Y LOS FRUTOS SECOS

Corte el plátano a trozos de 1 cm de largo. Incorpórelos a la pasta. Vierta el conjunto en un molde de pastel antiadherente y deje cocer 40 minutos. Deje templar y desmolde. Sirva el pastel cortado a trozos, al natural o acompañado por un coulis de frutas o una crema inglesa.

Nuestro consejo

Es una tarta indicada para los niños, los adolescentes y los deportistas, ya que aporta minerales en buena proporción (magnesio y potasio) y energía glucídica.

Se adapta tanto a la preparación de la actividad física (desayuno o tentempié) como a la comida que sigue a un entrenamiento. Remineralizante, contribuye eficazmente a restablecer las reservas de glucógeno. Si desea obtener un sabor más característico, utilice azúcar de caña, que contribuyen a aumentar el aporte mineral de este postre.

Ideas de menú para el pastel de plátano y coco

Tradicional	Vegetariano
• Ensalada de pimientos y tomates	• Ensalada de pimientos, judías pintas y tomates
• Rodaja de bacalao a la plancha	• Puré de coliflor
• Puré de coliflor	• Queso blanco con miel
• Pastel de plátano y coco	• Pastel de plátano y coco
• Pan	• Pan

Índice de preparados y recetas

Las legumbres

La preparación básica de las legumbres

Cocción al agua, 151
Cocción al vapor, 153
Potajes, 154
Purés, 155

Ensaladas

Brécol y habichuelas con migas de cangrejo, 156
Ensalada de arroz con soja negra, 158
Garbanzos con trigo triturado, 160
Habas con menta, 161
Judías blancas con atún, 162
Judías pintas con pimientos, 164
Lentejas al roquefort, 165
Lentejas con manzana y col, 166

Potajes y sopas

Potaje con alcachofas y judías blancas, 168
Potaje de calabaza y judías blancas, 169

LAS LEGUMBRES Y LOS FRUTOS SECOS

Potaje de judías blancas con hortalizas, 171
Potaje de judías pintas con polenta, 173
Sopa de habichuelas a la provenzal, 174
Sopa de habichuelas con arroz , 176
Sopa de guisantes secos con jamón, 177
Sopa de lentejas con zanahorias, 179

Entrantes calientes y terrinas

Crepes con judías pintas, 181
Ensalada de lentejas verdinas con vieiras, 183
Judías pintas con huevos escalfados, 185
Salteado de merluza con judías blancas, 186

Platos principales

Buey con judías pintas, 188
Cerdo asado con habichuelas, 189
Cuscús con pollo, 191
Curry de lentejas, 192
Fondos de alcachofas con habichuelas, 194
Garbanzos al comino y con chicharrones, 196
Habas a la sal, 197
Habichuelas con avellanas de cordero, 198
Judías blancas a la paisana, 200
Lentejas a la boloñesa, 201
Patatas salteadas con judías pintas y champiñones, 203
Pato con habichuelas, 204
Primavera de habichuelas, 206
Puré de guisantes secos con cebollas caramelizadas, 208
Puré de judías blancas gratinado, 209
Puré de lentejas con hinojo, 211
Risotto con garbanzos, 213
Soja con fideos chinos, 215
Tagliatelle con lentejas, 217

ÍNDICE DE PREPARADOS Y RECETAS

Las frutas secas y los oleaginosos

Platos salados

Bulgur con dátiles y avellanas, 218
Calabacines con pasas, 219
Codornices con pasas, 221
Ensalada de mollejas con anacardos, 222
Escalopes de ternera con plátano, 224
Merluza con nueces, 225
Pato con higos, 227
Pintada con albaricoques, 228
Salteado de buey con ciruelas pasas, 230
Tostadas con queso y almendras, 231
Trucha con almendras, 233

Platos dulces

Bombones de chocolate con frutos secos, 234
Compota de ciruelas pasas con almendras, 235
Confitura de frutos secos, 237
Crema de ciruelas pasas, 238
Crepes de pasas, 239
Flan con ciruelas pasas, 241
Hojaldre de manzana y ciruelas pasas, 242
Macedonia con frutos secos, 244
Polvorón de pasas, 245
Sémola con dátiles y pasas, 247
Tarta con albaricoques y pistachos, 248
Tarta con dátiles y ciruelas pasas, 250
Tarta con plátano y coco, 251

www.ingramcontent.com/pod-product-compliance
Lightning Source LLC
Chambersburg PA
CBHW072042160426
43197CB00014B/2588